姜龍昭編著

西施考證研究

文史哲出版社印行

國家圖書館出版品預行編目資料

西施考證研究 / 姜龍昭編著. -- 初版. – 臺北
市：文史哲, 民 94
面： 公分
參考書目：面
ISBN 957-549-594-2(平裝)

1.（周）西施 – 傳記

782.817 94002871

西施考證研究

編著者：姜 龍 昭
出版者：文 史 哲 出 版 社
http://www.lapen.com.tw
登記證字號：行政院新聞局版臺業字五三三七號
發行人：彭 正 雄
發行所：文 史 哲 出 版 社
印刷者：文 史 哲 出 版 社
臺北市羅斯福路一段七十二巷四號
郵政劃撥帳號：一六一八〇一七五
電話886-2-23511028 · 傳真886-2-23965656

實價新臺幣二六〇元

中華民國九十四年（2005）二月初版

ISBN 957-549-594-2

自序

關於「香妃」之考證研究，我於民國六十五年製作「香妃」電視連續劇開始研究，到七十七年先出版了「香妃考證研究」單行本，到了八十一年，我又出版了「香妃考證研究」的續集，引起了大陸上編著「香妃」一書，作者之一于善浦先生的關注、並來函向我認同與肯定，及後我又親自千山萬水去香妃故鄉新疆的喀什噶爾跑了一趟，在「香妃墓」附近，找了不少資料，九十年十二月出版了「香妃考證研究」的第三集（又名「掀開歷史之謎」），我為香妃考證了廿五年，證明「香妃」決非「容妃」，是兩個人，不能混為一談。

「新唐書」也好，「舊唐書」也罷，都說楊貴妃死於「安史之亂」的「馬嵬坡」，但我於民國八十年間，聽說日本有個「楊貴妃」的墓，勾引起我很大的研究興趣，因為依據白居易的「長恨歌」詩句中，有「馬嵬坡下泥土中，不見玉顏空死處」之詩句，我先是看了不少楊貴妃的書，接著找王孝廉、葉言材兩位教授陪同我去了日本山口縣的油谷町，見了楊貴妃真正的葬身之地，於九十一年七月，出版了「楊貴妃考證研究」的單行本，後又依據查證的資料，完成了舞台劇「楊貴妃之謎」。

繼上述兩項名人考證研究之後，我於八十三年六月起，先研究西施死去的真相，在「輔仁學誌」上發表，接著因大陸開放，我三度返鄉掃墓，因我是蘇州人，展開了「西施考證研究」的後續工作，我重新看了民國五十五年李翰祥與台製片廠合作拍攝的「西施」影片，他曾因此片榮獲第四屆金馬獎最佳導演獎，接著查閱坊間出版有關西施的文字書籍，並由朱順宮先生提供我看了大陸上梅蘭芳演唱的平劇「西施」錄影帶，以及郭小莊女士演唱的：「歸越情」錄影帶，另在蘇州同鄉會集會的時間，向鄉親長輩們，討教有關靈岩山古跡的種種，因我母親在我卅八年來台時尚健在，而大陸七十四年開放後她已仙逝，我返鄉，已是去掃墓了，她的墓，就在靈岩山麓的木瀆鎮上，我也曾在木瀆鎮的「石家飯店」，吃過于右任院長最欣賞的鲃肺湯。別地方吃不到的。

因為我是蘇州人，以前蘇州叫「吳縣」，現在叫「蘇州市」，已將周圍的吳江、太倉、常熟、昆山、張家港等地，合併在內。當年春秋「吳國」的古蹟特別多。我返鄉掃墓遊山玩水時，拍了一些照片，也蒐羅此書中展出，今年已是民國九十四年，我為此書考證，也化了十一年功夫，西施死在江中，我無法找到她的墓，去實地查證，像我去造訪「香妃」、「楊貴妃」的墓地一樣，給讀者一個滿意的答覆，也只能請讀者包涵諒解了，至於疏漏之處，仍希方家賜正。

我寫西施，我想先從闔閭、干將說起。

因西施雖是浙江諸暨苧蘿山下施家村人，但她大半輩子生活在吳王的館娃宮，亦就在蘇州，近郊木瀆鎮的靈岩山上，且最後死在蘇州的袋沉橋下。我所蒐集到的史科，也都在蘇州，所以我與一般敘述西施故事的傳記，略有不同，這也是我在此首先需向讀者聲明的。

在研究期間，我參閱了不少此間及大陸出版有關西施的書籍，其中因大陸推行「簡體字」，將西施的故鄉，寫成「苧夢」人，事實上是「苧蘿」人，一些人，習焉不察，台灣出版的小說也跟著把西施錯說成是「苧夢」人了，特在此說明。

九十四年元月十日脱稿

西施考證研究 目次

圖片

中立者爲作者與鄉人攝於蘇州虎丘寶塔前（民國八十三年）。

作者攝於吳王闔閭立體畫像前（民國八十三年九月二十三日）

虎丘山麓「試劍石」前留影，石前裂縫爲試劍時劈開。

七十八年九月作者與內子柯玉雪在虎丘劍池題字前留影

七十八年九月與內子柯玉雪在木瀆靈岩山上「吳王井」前留影。

八十三年在虎丘山麓向遊客述說試劍石故事，路人聽來興味盎然。

一、吳王闔閭

關於「春秋五霸」，有兩種不同的說法：孟子的說法，五霸是：「齊桓公、晉文公、秦穆公、宋襄公、楚莊王」。荀子的說法，五霸是：「齊桓公、晉文公、楚莊王、吳王闔閭、越王勾踐」。

一般人，因西施的故事被拍成電影，編成劇本演出，對越王勾踐、吳王夫差生前的事情，知之較詳，而對吳王闔閭，生前的功業、史蹟，卻很少瞭解。

司馬遷寫的《史記》，有「越王勾踐世家」這一節，而無「吳王闔閭世家」這一節。關於吳國的歷史，除後漢趙曄所撰之《吳越春秋》較有記述外，其餘如宋朝錢儼所撰之《吳越備史》、宋朝鄭虎臣所編之《吳都文粹》、元朝陸友仁所撰之《吳中舊事》諸書，因印行不廣，大部份人，都很少涉及。

我是蘇州人。蘇州自由中共統治後，現改為「蘇州市」。從前，因蘇州是在吳王闔閭稱帝時之首都，故稱為「吳縣」，迄今仍存留了不少吳王時代留下的古跡，吳王闔閭的陵墓，葬在蘇州虎丘山的底下，因深入發掘，恐影響山上寶塔坍陷，故至今仍未被發掘。我幼年時，在蘇州長大，長大後，離鄉背井到台灣，四十餘年後，重返故鄉，蒐集閱覽了不少大陸出版，有關蘇州的書籍，探索到不少有關吳王闔閭、大夫干將、美女西施三人鮮為人知的史實，特寫此書向大家作一番陳述。

二

闔閭，又名闔廬，他是吳國廿四代國王，也是吳王諸樊的兒子，諸樊的父親壽夢在位時，吳國才興旺起來，受人注目。

壽夢在位共廿五年，他打敗吞併了不少楚國邊界的蠻夷小國，才逐漸強盛，他生有四個兒子：老大叫諸樊、老二叫餘祭、老三叫餘昧、老四叫季札。其中季札最為賢德，壽夢想立他為嗣，季札因年最幼謙讓不受，才由長子諸樊接王位，諸樊稱王後，生子名光（即闔閭），但並未立為太子，他仍有意讓位於四弟季札，使季札只好走避他國。諸樊在位十三年後，其子尚年幼，因未立太子，仍傳位於二弟餘祭。餘祭在位時，曾攻伐過越國，把越俘虜回來，砍去雙腳，派他們看守船隻，有一天，餘祭去看船，就被越俘趁其不備，一舉將之殺死，共在位十七年。

餘祭死後，傳位給三弟餘昧，餘昧只做了四年吳王，就因病死去，王位傳給了自己的兒子，即被刺殺的吳王僚。時諸樊之子光已長大到而立之年，心想自己本應繼承王位，如今卻被三叔的兒子，輕易的垂手而得，心中自然不甘，乃思殺之而奪取王位。

吳王僚，也不是省油的燈，戒備森嚴，闔閭暗中物色勇士，等候一適當的時機動手，一直等了五年。這時伍子胥因父兄為楚平王所殺，逃到吳國為吳王僚所重用，闔閭接近伍子胥，有意請他幫忙，但伍子胥一心想吳王能出兵去攻打楚國，為他死去的父兄報仇，未為所動。

這樣又過了漫長的八年，伍子胥介紹了一位叫專諸的勇士給他，才使闔閭有了可用之人，專諸是吳·堂邑人，（今江蘇六合縣）事母極孝，接受使命後，專程去太湖，學「炙魚」之烹飪法，距今二千五百多年前，吳人因近太湖，烹製炙魚、魚膾、蒸魚等多種魚饌，專諸學了三個月，才學成，手藝不凡，闔閭又請鑄劍名師歐冶子，鑄成了體積極小的「魚腸劍」，藏在魚肚子裡，才達成他刺殺吳王僚的心願。

吳王僚十三年，他派人領兵攻打楚國受挫，國內十分空虛，專諸見時機來了，乃由闔閭備酒請吳王僚來飲宴，事先埋伏了官兵、躲在地下石窟，王僚帶了大批衛士來赴宴，夾侍保護，人人均持長鈹（即長鎗），酒至半酣，闔閭佯稱腳痛，離席，專諸奉上佳肴，自炙魚肚中取出秘劍，才將王僚殺死，但專諸自己當場亦被王僚之左右所殺。據説王僚經常身穿「保險背心」，刀槍不入，僅咽喉為致命之點，專諸能將之刺死，事前曾經多次演練。

從上述「專諸刺王僚」之説明中，可知闔閭刺殺王僚，事先有幾個關鍵，是值得注意的：

第一、他能耐心的等候，他等了十三年之久。吳王僚接王位十三年後，才被刺殺。十三年是很長的一段時間。

第二、他能伺候一適當的時機，不是貿貿然就動手，是在吳王派兵去攻打楚國、又兵被楚軍圍困挫敗，而無法折回時才下手，真是相當有利的時機。

第三、把兇器藏在魚肚中，是前人從未有想到過的一大暗殺絕招，證明其人之智慧，確非凡凡之輩。

第四、他暗中四處物色勇士，前後歷經多年，才由伍子胥，介紹專諸給他，為了謀刺成功，他還專程訓練專諸去太湖學會炙魚之法，前後達三個月。可見其做事有周密的計劃，會識人、用人，他選中專諸，一定還經過「考驗」其勇氣、膽識之過程。

從上面四點來分析，我們可以體認出闔閭實是一個有智慧、有耐心、做事有計劃、能用人的了不起人物。歷史上後他三百年的荊軻是一英雄，但刺秦王失敗了，而闔閭運用專諸刺殺王僚，卻是成功的，相互對比之下，他確是高人一等。闔閭接任王位後，把吳國的國都由無錫的梅里，遷移到蘇州，立了八個城門，打通各門的水陸交通，由方圓僅三里大小的鄉鎮，擴建為四十七里廣之京都，等於擴大了十六倍之多。同時任用賢相伍子胥，請他作行人（猶如今日之外交部長），積極勵精圖治。另一方面，聘請歐冶子、干將、莫邪等鑄劍專家，鑄造兵器刀劍，充實戰備武器，他可說是一個很精明的政治家兼軍事家。

這裡補充說一件有關他的故事，以證明他的聰明與睿智。

自他刺殺王僚登基以後，他知道還有一個仇人，他必須設法剷除之，那就是王僚的兒子慶忌。當時慶忌並不在吳國境內，據古書記載：慶忌以英勇聞名，他筋骨果勁，壯健如牛，萬人莫敵，他知道闔閭暗殺了自己的父親，必然會設法來報殺父之仇的。

闔閭為求斬草除根，必須將慶忌剷除，但慶忌時在衛國（今河南省滑縣一帶），而他在江蘇之蘇州稱王，兩地相隔十分遙遠，騙其返國殺之，不可能，唯一的辦法，只有派人千里迢迢去到衛國才能殺之。

他在憂心忡忡之際，伍子胥向之推荐了一個人，此人名「要離」，要離是闔閭身邊的人，他去到衛國，要接近慶忌，取得其信任，不是件容易的事，闔閭想出了一條苦肉計（他比三國時周瑜打黃蓋的苦肉計早用了近三百年）他先將要離的妻子殺死，再逼使要離表明誓死效忠於他，自斷其右手，這樣假裝得罪了吳王，受了這樣的苦刑，才逃離吳國來到衛國，找慶忌共商破吳復仇之策，這一招「苦肉計」果然收效，取得慶忌之信任，予以接見，並同意一起潛返吳國伺機報復。當二人同舟渡江返國途中，要離在船行至江心時，向慶忌行刺，慶忌不備，果被刺中要害，垂死之際，要離已被其手下抓住，欲將之處死，要離向之說明原委，慶忌義其行，囑手下放過要離，任其返吳，以旌其忠義，……慶忌言畢死去，船至江陵，要離覺愧對慶忌，竟伏劍以報，壯烈成仁。

闔閭斬草除根以後，又接受伍子胥之推荐，重用孫武，操練軍隊。孫武是個其貌不揚的人，闔閭本不想重用，後看了他寫的《孫子兵法》，始對之另眼相看，但寫的雖頭頭是道，能不能真的用兵打仗，是另一回事，他為了考驗孫吳，乃命他先在殿前操練女兵，以觀究竟。

當時，下令宮中一百八十名美女，命孫武演練，結果那些宮中美女，根本沒把孫武瞧在眼裡，嬉嬉哈哈，根本不聽號令動作，孫武乃約束大家說，若再不聽軍令，就要照軍律處斷（鈇鉞砍頭），那些宮女，依然嬉笑如故，對軍令仍聽若罔聞，孫武為求軍令執法如山，要下令處斬其中領頭的兩個女兵隊長，這兩個女兵隊長，正是吳王闔閭最心愛的寵姬，吳王想不到孫武會這樣做，立刻下命令希放過她們，否則他會食不甘味、夜不成眠。

但孫武卻回答說：「將在軍，君命有所不受。」仍然把二個吳王的寵姬殺了，這一殺，其餘的宮女才不再敢違抗軍令，認真操練。最後還請吳王親自校閱。

若闔閭是一普通的君王，對孫武這樣的作法，一定大為生氣，但闔閭卻並不如此，反而重用孫武。後來，闔閭三年，吳兵伐楚，佔領舒地（安徽舒城），三年之後，楚王領兵來伐吳，吳軍再次大敗楚軍，佔領了楚國的居巢（安徽巢縣）。闔閭十年（公元前五〇五年），蔡國請求吳王出兵伐楚，結果五戰五勝，直攻楚都城郢（湖北江陵縣），楚昭王險些丟了性命。

這次戰役，從柏舉打到郢都，前後共打了十天，戰線之長，戰役之久，在春秋戰史上是有名的。吳王千里遠征，以少勝多，赫赫戰果，說是孫武之功，不如說闔閭之善用人才來得更為恰當。

闔閭立其子夫差為太子後，孫武就向吳王提出辭呈，再三挽留，也留不住他。最後吳國就亡在夫差手裡，孫武真有識人的眼光。

闔閭十五年時，越國開始強盛，越王允常曾趁吳軍攻楚時，乘機來偷襲吳國，使吳國吃了一點虧，四年以後（闔閭十九年），越王允常去世已二年，其子句踐嗣位，吳王認為這是滅越的良機，興兵伐越，兩國的兵馬在檇李（浙江嘉興）交戰，想不到年青的句踐詭計多端，比闔閭更聰明一籌。他把三百個牢獄中的死囚放出來，組成敢死隊，排成三行，在軍隊之前向吳軍作「人海戰術」，挺進後，人人把刀架在自己的脖子上，在軍陣火線上喊話說：「越王開罪了吳王，我們願以死為之贖罪。」言罷即自刎死去，這一招，可使年老的闔閭迷惑了，吳軍兵心也隨之騷動，這時越軍忽鼓聲雷動，大批兵馬衝殺過來。一陣亂箭射出，吳軍猝不及防，遂告大敗。闔閭在亂軍之中，中箭受了重傷，終告不治死去，臨終前叮囑夫差：「勿忘報越人殺吳之仉。」結束了他輝煌的一生。夫差後雖打敗了越國，俘虜了句踐，但到句踐廿四年時，伐吳，終於滅了吳國。

史書上記載，吳王闔閭在位共十九年，他自奉甚儉，勤政愛民，極受國人擁戴。他一生輝煌的事蹟，充分證明他是一個有智慧、能容忍、用人、且有魄力的軍事家、政治家。寵姬被人殺了，可以容忍不發火，最後，被殺死在句踐的「人海戰術」上，亦顯示其有惻隱仁愛之心，這樣一個英雄人物，是值得後世的人為之景仰與傳揚的。

吳王闔閭墓址

據《吳越春秋》、《越絕書》等古書說，闔閭死後，其子夫差，修築其陵墓於虎丘山，因闔閭生前愛「養虎」為樂，吳縣西邊有一光福鎮，古稱虎溪，即其養虎處。虎丘山高卅多米，遠觀如虎踞山丘，乃名虎丘。當時為築陵墓葬吳王，夫差徵調了十萬民工，並用大象運輸，穿土鑿池，積壤為丘，棺柩外套三種銅槨，池中灌注水銀，以黃金珠玉陪葬，還有扁諸、魚腸、干將等三千寶劍，隨之一同秘藏幽宮深處。

陵墓造成後，夫差為恐秘密洩漏，將上千工匠誘騙至山麓一如平台之巨石前廣場飲酒看鶴舞，結果全都被殺死滅口，工匠的血滲入石中，漬成暗紫色，斑駁影痕，歷久不褪，後人即將此巨石，命之為「千人石」。民國八十年，我返故鄉掃墓，抵虎丘山，在劍池前拍照留影，見此「千人石」依然存在。

吳被越王句踐滅亡後，句踐曾四處尋找吳王闔閭之墓，意欲找到那把干將神劍，但因無人知其葬身之處，未能如願以償。以後秦始皇統一中國，東巡至蘇州虎丘，意欲取劍，恍惚中見一白虎當墳而踞，乃出劍刺之，結果未刺中虎，劍卻揮落山谷中，再也找不到，岩石下陷，泉水成池，該地乃取名為「劍池」，如今你去蘇州遊虎丘山，猶可見「虎丘」、「劍池」二塊巨石。「虎丘」二字為唐代書法家顏真卿手筆，「劍池」二字為晉代書法家王羲之所書。

到了三國時代，東吳孫權，也曾來虎丘探寶求劍，依然毫無結果；乃至明朝正德六年冬（公元一五一二年），蘇州大旱，池的水涸乾見了底，名人唐伯虎等士紳，發現劍池之北端有一洞穴，估計大概是吳王陵墓的葬門，但未有深入挖掘，以明究竟。

中共當政後，對古帝王之墳墓發掘不遺餘力，民國四十四年夏天，為了疏浚「劍池」，用馬達把池水一下抽乾了，再清除了池底的淤泥，在池的北端，果然顯露出一上銳下寬的石穴，入內發現一長約十米寬，僅可容一人通過之窄道，窄道的盡頭，有巨石四塊擋住去路，這四塊巨石與虎丘山上流紋岩石，顯然不一樣，外形也十分平整，是經過人工加工後，自他處移入迭封的，當時一些參與挖掘的考古工作者，研判此種形制與春秋戰國時帝王墓室之形制相像，大致可肯定該處確為吳王闔閭之墓地，唯移動此大巨石是大工程，恐將危及山頂上之虎丘古塔，因古塔年久失修，若動搖其基礎，將立刻傾圮，乃停工未再深入發掘。

若當年果真「干將神劍」隨吳王一併埋葬，未被他人盜走，則距今雖已二千五百年，定然仍存在。當地人說，到了夜間，「劍池」之水上，有一道直線反光映照出來……大概是干將、莫邪的英靈，仍伴劍同在，長眠地下，才能發出光輝。

二、干將莫邪

八十二年十月臺影文化公司投資四、五千萬資金拍攝的「將邪神劍」，已經推出公映，這是一個依據春秋時一段吳王闔閭的史實改編而成的古裝片，其中出現的闔閭、干將、莫邪、要離、歐冶子等人物，均確有其人，唯情節為配合戲劇的進展，有不少新的穿插。此片未去蘇州實景拍攝，誠為憾事。

我是蘇州人，小時候，住處附近就有一條名叫「干將坊」的路，前兩年我返故鄉掃墓時，始知此路現名「干將路」，依然存在。可見，蘇州人對干將這一人物的崇敬與懷念。

電影上的干將與莫邪兩人，說他們雖是一對夫婦，但有夫妻之名，無夫妻之實，這是不正確的。電影上的描述，莫邪為了使干將能為吳王達成鑄劍的任務，投身入熊熊的火爐，溶為鐵漿的一部分，使鐵汁流出始鑄成兩把神劍的情節，則真有這樣的說法。

這裡，我願就我所搜集到的一些有關文獻資料，為大家細說一番：

干將，是吳人。公元前五六〇年，吳王諸樊將都城由無錫遷移到蘇州來，原僅方圓三里大小，到了公元前五一四年，諸樊之子闔閭用專諸刺殺王僚後，才將都城擴建為四十七里面積的大城，如今，蘇州土地面積增到一百廿平方公里。

按《吳越春秋》的記載：「干將是當時吳國的一位大夫，莫邪，干將之妻也。干將作劍，莫邪斷髮剪爪，投於爐中，金鐵乃濡，遂以成劍，陽曰干將，陰曰莫邪。」

《正字通》記載：「干將、莫邪，當時鑄劍者，夫婦之名，故雄劍名干將，雌劍名莫邪。」

女人的頭髮與指甲，能將熾熱的鐵漿融化嗎？似乎不可能？《吳地記》一書，有另一種說法：「吳王闔閭使干將鑄劍，鐵汁不下，莫邪曰：『鐵汁不下，有何計？』干將曰：『先師歐冶，鑄劍不銷，以女人聘爐神，當得之。』莫邪聞語，竄入爐中，鐵汁出，遂成二劍，雄號干將，雌號莫邪。」

做妻子的為了達成丈夫的功業，不惜犧牲自己的性命，這是相當感動人的，干將鑄劍的故事留傳後世，也就在追念莫邪的偉大。

記得五十年前，我在上海讀中學的時候，曾在一本英文課本上，讀過這樣的一個故事：

「很久以前，某一村莊上，有一教堂，教堂鐘樓上裝有一巨大的鐵鐘，做禮拜鐘敲響時，遠近皆可聽到。鑄這口鐘時，村民皆捐了不少錢，為了求聲音洪亮，鐵匠表示需要一百斤金、一百斤銀、一百斤銅、一百斤鐵、一百斤錫，熔鑄在一起，當這些原料湊齊用火爐熔鑄成鐵漿時，卻無法變成液體注入模型，他知道難以交差，準備投身於洪爐自盡，其時，在旁的幼齡愛子，不忍其父死去，急將其拖住，拉扯之間，結果愛子失足跌入爐鍋中，鐵漿溶化後流出，才鑄成此一巨鐘，每當鐘聲敲響時，鐵匠為思子而掉淚，這一事蹟後被人記述鐫刻於鐘上，遂流傳於後世。」

可見，鑄鐵事業最早的時候，科學不昌明，沒有大鋼鐵之大熔爐，以人身來解決困難，中外都有這樣的傳說。

《吳地記》中所述：「先師歐冶」，是當時鑄劍專家，他嘗為越王鑄了五把名劍：「湛盧、巨闕、勝邪、魚腸、純鉤」，其中「劍號巨闕」四字，《千字文》中都有記述，魚腸劍專諸用來刺王僚，更是千古聞名，他與干將是同門師兄弟，二人曾合力為楚王鑄了三劍，名：「龍淵、太河、土布」。

至於干將為吳王新鑄的二把雄雌神劍，傳說，前後共鑄了三年，始終無法完成，最後是莫邪投身火爐後，始告鑄成。鑄一把名劍，真要費時三年之久嗎？以現代人的眼光與經驗來看，這似乎是太誇張了些。事實上，干將為鑄劍，其間因鑄劍尋找鐵砂之原料，範圍擴及五山六合（包括江蘇、浙江兩省），而動員人力、財力之大，是相當駭人聽聞的。

按古之吳國，為今之江蘇省一大部分。越國是今浙江省之一部份。兩國之人民，本是同一族屬，他們的生活習慣也都是一樣的。

《穀梁傳》上說：「吳，夷狄之國也，祝髮文身。」祝髮是斷髮，文身是紋身，吳越兩國人民都是如此。

《尚書大傳》記載：「吳越之俗，男女同川共浴。」這在中原地帶華夏族，是不會有男女同浴的。

《越絕書》第七卷記述：「吳越二邦，同氣共俗。」

《呂氏春秋》記伍子胥說：齊、吳二國人民「習俗不同，言語不通」，而吳越二國人民則「習俗同、言語通」。按春秋時之齊國，今之山東省，與今之江蘇省，言語確不相同也。而江、浙二省之語言則相類同。

《吳越春秋》上越大臣文種說：「吳與越，同音共律，經濟生活也十分相似，都以從事種植稻穀的農業為主。

《周禮・考工記》上說：「吳、粵（越）之劍」；《鹽鐵論・論勇》記載「吳越之鋌」，二者都是當時以鋒利聞名的兵器。按鋌，《考工記・冶氏》記載：「為殺矢、刃、長寸、圍寸、鋌十之」。所謂「殺矢」是八矢之一種，《周禮・夏官・弓矢》：「殺矢、鍭矢，同諸近射田獵」，是比箭十倍大的近距離射殺獵物的武器。

因為吳、越二地均擅長鑄造鋒利之武器，故《漢書・地理志》上說：「吳、粵（越）之君，皆好勇。」鑄造鋒利之武器，首先需要原料，其次是冶鐵之器材，再次是冶鐵之工匠技術，也就是專門人才。《吳越春秋》記載：「干將作劍，採五山之鐵精，六合之金英。」鐵砂、鐵礦要到深山中去發掘、開採；發掘先要尋找。吳越二地，山脈不多，上述之五山，是指江蘇、浙江省之橫山、寒山、獅子、石人、雙雞、芙蓉、高妙、天目等山峰。尤其是浙江省之天目山、分支甚多，有東天目山、西天目山，其中有一分支，現名「莫干山」，即為當年干將、莫邪採取鐵砂之高山，因而定名為「莫干山」，現是一夏天避暑之勝地，風景絕佳。

上文所提及「六合」之金英，即今江蘇省之六合縣附近，有心人不妨翻閱地圖，即可知「六合」與「莫干山」之間，有相當一段距離，當年交通不發達，光走山路，恐怕也得花上幾個星期的時間，才能抵達。

《吳越春秋》又說：干將為鑄劍，曾用「三百人鼓橐裝炭」，以提高熔鑄鐵砂時的爐溫。此處所說之「鼓橐」，現代人恐知之不多。

按「橐」，是冶鑪排囊也。《淮南子本經》：「鼓橐吹埵，以銷銅鐵」，按《文選》陸機文賦注：「橐，冶鑄者，用以吹火，使炎熾。」是俗所謂「風箱」之類的器材。要動用三百人來拉風箱，裝木炭，使爐火炎熾，能將鐵砂熔成鐵漿，若非有極高明之冶鑄技術，實難以奏功，干將之能完成曠世之名劍，在二千三百多年前，一定經過不知多少次的失敗，最後其妻莫邪，一定經年累月陪同在側，受盡多少苦楚，才最後不顧一切投爐一死，此中之艱辛，具非現代人所能想像。

八十二年三月間，我有幸參觀了「中鋼公司」，親見在高熱的大熔化爐中紅紅的鐵漿，被傾倒出來的情景，當時火星四濺，熱氣逼人，真難以想像，春秋時期之冶鐵工作，作業情況。由鐵漿變成寶劍，勢必經過冷卻、切鋸、熱軋、磨鋼……等繁雜之過程，如今中鋼公司自國外運進原料鋁錠、合金、鐵塊、熔煉後製作鋼板、鋼條、鋼絲，均一貫由機器自動作業，電力操作，甚為便捷，相形對比，干將耗時三年，實不為多也。

《戰國策》上趙奢形容吳國所鑄劍的銳利程度說：「吳干之劍，肉試則斷牛馬，金試則截盤匜。」肉試斷牛馬，是說牛馬的骨頭都可以切斷；金試截盤匜，截是切斷之意，盤，是古時用來盛物的器皿，以銅錫製成，匜，是天子用來注水酒的器皿，相當大，可以裝一斗酒，是黃金做成，由以上之說明，吳劍鋒利之情形，大家可以想像。

屈原在《楚辭．九歌．國殤》中說：「操吳戈兮披犀甲」，他把「吳戈」作為最精良的武器；荀子也說：當時之「巨闕」、「辟閭」，「皆古之良劍」。均足以證實吳國所製兵器質地之精，世所罕見。

關於吳國冶鐵業發展之情況，最近幾年，在大陸江蘇省六合縣（即干將鐵劍取材之處）程橋東周墓專櫃陳列展覽，當是最好的實物佐證，大陸出版之《考古》刊物，一九六五年第三期，一九七四年第二期，有專文介紹。

傳說當年吳王闔閭得此二劍後曾試劍去砍石，結果一橢圓形磐石，正中裂開，似為刀切一般，如今蘇州虎丘二山門後，仍保留此磐石，石上刻有「試劍石」三字，供後人查證。（此石有彩色圖片可證）

干將完成二劍後，傳聞僅將雄劍獻給了吳王，雌劍為追念其死去的愛妻，私下藏了起來，未有獻給吳王，給了他唯一的愛子赤鼻，擔心一旦若被吳王殺害，囑其子以此劍為死去的父母報仇，後其子果真以「莫邪劍」向暴君吳王報了仇。書見《搜神記》及《列暴傳》二書。事實上吳王闔閭，並未死在赤鼻之手，而是在征伐越國時，被越王句踐兵敗於檇李（今浙江嘉興附近），中箭重傷而死。

吳王闔閭在位共十九年，因用伍子胥為大臣伐楚，一度把楚國的都城郢攻陷，更東征卑盧、西伐巴蜀，威震中原，最後雖兵敗重傷而亡，唯其一生赫赫戰蹟，令人敬畏。左傳、史記、國語等書均有記載。

句踐名劍出土

干將為吳王闔閭所鑄之「干將神劍」，闔閭死後，已將之隨棺埋葬於虎丘之劍池下，因夫差之墓，迄今一直未有開掘，令人已難再見到。但干將之師兄歐冶子，為越王句踐所鑄的另一把名劍叫「純鉤」青銅寶劍，據大陸報導，一九六五年十二月，竟意外在湖北省江陵縣望山一座楚國貴族的墳墓中被發掘出來，這真是一項可喜的訊息，值得在這作一番報導。

這一把寶劍，是歐冶子為越王句踐所鑄的五把名劍之一（其餘四劍為：「湛盧、巨闕、勝邪、魚腸」），全長五十五點六厘米，雖已在地下墳墓中埋了二千三百多年，但出土後，仍光潔如新，寒氣逼人、鋒利無比，曾有人試之以紙，二十餘層，一劃而破。

《越絕書》寶劍篇，曾有當時名劍鑑賞家薛燭，對越王句踐的這把「純鉤」寶劍加以評論說：「手振拂揚，其華捽如芙蓉始出。觀其釽，爛如列星之行；觀其光，渾渾如水之溢於塘；觀其斷，岩岩如瑣石；觀其才，煥煥如冰釋……雖復傾城量金，珠玉竭河，猶不能得此一物。」

《莊子．刻意》篇云：「吳、越之劍，柙而藏之，不敢用也，寶之至也。」其身價之貴重，自不待言。據有關專家，加以科學測定，越王句踐的這把「純鉤寶劍」，主要的成分是：青銅和錫，還含有少量的鉛、鐵、鎳和硫等元素。劍身的黑色菱形花紋，是經過「硫化」處理的，劍刃精磨的技藝水準，可以同現在精密磨床儀器生產的產品相媲比，充份顯示了當年鑄劍工匠高超的技藝。

這一把寶劍，於一九七三年六月，曾在日本舉辦的「中國出土文物展覽」時展出，距今已廿餘年，當然這把劍和東漢時墓中出土的金縷玉衣，同時為展出作品中，觀眾矚目的焦點。那時的日本首相田中角榮曾在致詞時說：「這次出土文物展覽會裡，特別展出了與楚辭有關係的古墳裡發掘出來越王句踐的劍，對這種特殊的照顧和好意，我表示衷心的敬意。」在當時，真是轟動了日本科技界和考古學界，許多參觀的學者，咸對我中國古代精湛的鑄劍工藝盛讚不已，紛紛嘆為觀止。

到了一九八四年十二月，大陸又在江陵發掘出了一把吳王夫差打仗用的長矛，乃偕同這把越王句踐的名劍一併運到香港去展覽，香港各界人士看了譽為「稀世珍寶」：咸稱此一劍一矛，真是我國古代兵器的「雙璧」。

這一次的展出，引起了香港考古學家呂芳榮先生的注意，他花了不少工夫，深入的查證：為什麼當時越國的領土，只在江浙一帶，怎麼越王句踐使用的寶劍，死後會飄流到遠隔千里以外的湖北省江陵的楚墓中去呢？……這把劍究竟是真的，還是假的？

呂榮芳根據同時在該楚墓中出土的「竹簡」來研判，認為此墓的主人卲固，即卲滑，他是當時楚懷王時的大貴族。呂先生又進一步從《史記・甘茂列傳》、《韓非子・內儲說下》資料中查出，當年楚懷王曾派卲滑（《史記》上寫「前當用召滑於越」）到越，離間越國內部矛盾，誘使越國內亂，而楚懷王也就是乘越國內亂之機，滅了越國。卲滑是滅越的大功臣，楚懷王把從越國掠奪回來的越王句踐劍，作為勝利品賞賜給卲滑。卲滑死後，就將這把名劍殉葬，以顯赫他生前的功績，這樣推斷起來，是很有可能的。因此，在浙江省的越王句踐劍，最後會在湖北省江陵的楚墓中，被發掘出來。中山大學古文字研究室研究員依據該楚國楚墓中一起掘出的竹簡上文字，經過整理研究，也通過主張該墓的主人是邵固，確是從越國征滅後獲得的勝利品。

此外，尚有陳振裕、方壯猷、夏鼐等專家，則表示不盡相同的意見。但原則上，大家都肯定這是越王句踐的寶劍，可能是因某種原因，而流到了楚國，因楚、越兩國，土壤相連，一度是親密的戰友，兩國曾聯合出兵攻打吳國。誰知，多少年後，越國滅了吳國，結果，卻又被楚國所吞滅呢？兩國相好時，可能此劍作為禮物互贈；兩國相攻打時，也可能成為戰利品，為對方所虜獲，這是都有可能的。

漢墓中的「金縷玉衣」，曾運來臺灣展覽過，不知道這把出土的越王句踐名劍，何時亦能運來臺灣展覽一下，讓對「古劍」有興趣的人士，開開眼界，當然也包括我自己在內。

三、苧蘿西施

浙江省的諸暨，是春秋時代越國的古城。這是一處水明水秀的風景勝地。城南苧蘿山下，有一條溪灣，很多少女，就在溪邊浣紗。西施就是其中的一個。

苧蘿村的東西兩岸，住的人家，都姓施。西施住在西村，因為容貌出眾，他們就叫她西施，她的本名叫「夷光」。

家裡靠養蠶維生，父親鬻薪以外，植養桑樹給蠶吃桑葉，母親就在溪邊浣紗來過日子。

西施從小，除了聰明伶俐以外，長得似花如玉，皮膚白皙，身材婀娜多姿，格外受人注目，大家都説她是天生的美人胚子。

諸暨縣令的千金小姐藍娃娃，知道西村的西施，長得特別漂亮，就慕名前來，向之請教，先是請教她，何以頭髮會又烏黑又發亮？

西施就告訴她，因為每天清晨去採桑葉，桑葉上的露水，她天天拿來梳頭，所以才烏黑又亮。藍娃娃聽後，也照樣用桑葉上的露水來梳頭，果真有效。

藍娃娃進一步又問西施：「皮膚、臉蛋何以會如此白淨、眼睛又何以特別明亮？」西施就回答說，她每天從溪裡挑三擔水，以溪水當鏡，用溪水燒茶煮飯，不知不覺，日子一長，就覺得皮膚白淨，眼睛也明亮了。」

藍娃娃聽了這話，也依樣學樣，用溪水燒茶、煮飯，不到半年，也和西施一樣，皮膚白淨、眼睛明亮了。

但藍娃娃，仍不滿足，覺得自己的身段、走路的姿態，仍是比不過西施那樣的苗條多姿，繼續向西施請教。

西施坦然的告訴她：我每天除了採桑葉、挑水，還要去浣紗，整天忙碌，把腰腿都扭痛了，誰知日久天長，腰、腿非但不痛，而變得輕鬆柔軟了，你不妨也試試看。

藍娃娃為了要學得西施一樣美，吃足了苦頭，經過了一段很長時間的磨練，果真腰也細了，手腳也靈活了，走起路來，也婀娜多姿了。

藍娃娃果真變得像西施一樣漂亮了，大家都這樣說，藍娃娃心裡十分高興，但暗中卻起了歹念，她趁西施在浣紗不注意的時候，用力在她背後推了一把，西施沒提防，就「撲通」跌落入溪水裡，瞬即失去了蹤影。

藍娃娃下了毒手，不免心慌、腿軟，她站的岸邊，突然石頭震動移向落水滾去，她情急蹲下身去，意圖抱住那塊石頭，誰知那塊石頭翻了個身，不偏不倚，把她壓在下面，沒見她再露出水面，後來，村民說她變成了一隻癩頭鼋。

而西施卻沒有淹死，她被一群經過的鸕鶿，從水裡把她救了起來，後人把那地方叫「鸕鶿灣」，另一個長西施一歲的美女鄭旦，就是那個地方的人，她後來也被范蠡發掘，一起被送到吳王夫差那邊去。

四、初遇范蠡

西施是獨生女，無兄弟姊妹，十一、二歲就幫媽媽操持家務，燒茶煮飯，十三、四歲，浣紗洗衣，到了十五、六歲，雖美如天仙，依然小姑獨處。

古時女子出嫁甚早，西施兒時的姐妹們皆已先後出嫁，有的已做了媽媽，有的則成為新娘。西施年方十六，在村裡已成了大齡姑娘。這並不是無人登門求親，只是因為苧蘿村的小伙子與西施同里同宗，不能通婚，而要嫁到山外，一則是父母捨不得這樣一個獨生女兒遠嫁異鄉，二是西施對上門提親的那些後生皆不中意。好在西施的年齡不太大，她和父母都不著急。嘴上不著急，但當西施一人獨處，或是見到姐妹們攜子隨夫回娘家，西施仍不免暗暗傷神。平時浣紗，都是姐妹們結伴而往，如今卻是她孑然一人。剛才浣紗的時候，她還在思想著：何年何月？才能得遇意中人。

就在這時，她忽然聽到了一個陌生的男子聲音。回過頭來一看，見面前的男子年輕英俊，氣宇非凡，渾身上下透射出掩飾不住的靈氣，無論舉止、氣質，還是相貌、才氣，都是她想像中的意中人的樣子。她見到了范蠡，才覺得今天浣紗沒喊上那些小姐妹們，是十分聰明的，她們若在，她哪裡還有和意中人單獨相處的機會呢？她已經把想像中的意中人與眼前的男子合為一體了，范蠡開口動問，她直言對答，不遮不掩。

范蠡此時與西施有同樣的心情，他以為遇到了久尋不遇的女子，深恐失之交臂，難再尋覓，但又恐阿妹已名花有主，不敢冒然啓齒，只好先投石問路。

「姑娘芳名，請問青春幾何？是否已出閨閣？」

「妾名西施，年方二八，尚未許人。」西施低聲答道。

「敢問姑娘，願否與晚生諧魚水之好，結百年之樂？」

「先生之願，亦妾身之願。若蒙不棄，願執箕帚。只是不知先生何方人氏，為何到我們這深山僻村？」

西施既已許諾，范蠡遂以實相告：「西施姑娘，在妳這樣天真美麗、舉世無雙、善良聰穎的女子面前，縱是上界神仙，也不忍不以實相告。晚生是楚國宛地人，姓范名蠡，字少伯，隻身來到越國，蒙大王垂愛重用。今春無事，辭別大王，尋春到此。沒有想到在這溪水回流的地方，得一睹姑娘的芳顏。今蒙姑娘厚愛，更是三生有幸。」

范蠡顧不得許多禮儀規矩，一把拉住西施的手，四目相視，一個是秋波暗送，一個是脈脈含情。突然，西施掙脱范蠡的手，朝後退了一步。

西施這一反常的舉動，弄得范蠡莫名其妙。他不解地問道：「西施姑娘何以如此？若是晚生冒犯姑娘，謹請姑娘海涵。」

西施又對范蠡深深施了一禮，淒然地說：「妾身不知先生是朝中貴人，失於退避，尚望大夫恕罪。妾身乃山野村姑，不敢攀龍附鳳。」

「姑娘何苦自鄙自輕？姑娘天姿國色，儀態萬方，不啻是神仙下凡。晚生塵世凡夫，蒙姑娘允諾，已是高攀。姑娘今出此語，該不是嫌棄晚生吧？」

「山野村姑怎敢嫌棄當朝中人？只是不敢高攀，怕有辱先生令名。」西施誠懇地說。

「人生一世，但求知音知己，何講身份地位這些身外之物？妳未嫁，我未娶，妳我同心，若結姻好，百年相伴，共度人生，豈不是一件難得的美事！天作之合，人遂天願，求姑娘垂愛。」范蠡情真意切，誠心相求。

「承蒙厚愛，妾身感激不盡，只恐蓬茅陋質，不足服侍貴體。」

「常言道『當官不自由』、『伴君如伴虎』。晚生身為越國之臣，以身許君，不敢擅自滯留他鄉，近日就回都復命。此去少則旬日，多則月餘，當再來貴鄉，向令尊、令堂提親，迎娶姑娘，同享人間快樂。請姑娘等待晚生，萬勿違約。」

「山野村姑，得晚生之愛，已出望外。此去，休說只是旬月，便遲上一年半載，三春五秋，妾身亦當矢志相守，豈敢中途變卦？只是先生此一去不要『一春魚雁無消息』，採得他鄉花，忘卻眼前人，讓妾身空守閨閣，蹉跎青春。」

西施的一席話，披肝瀝膽，真情見意。范蠡喜出望外，為表堅貞之心，他渾身上下搜索，想找出一件可以作信物的東西，贈給西施姑娘。十分不巧，他匆匆出行，身上未帶任何禮物。他神情尷尬地朝西施看了一眼，見西施手中持有潔白的細紗，便生出借花獻佛的念頭來。

「晚生行色匆匆，忘記帶禮物，願借姑娘手中之紗，權作定情之物，轉贈姑娘。願姑娘念溪邊浣紗之盟，勿相背負。」范蠡把細紗遞在西施手中，雙手相握，頓生暖流，無限柔情，無限話語，一起朝外湧現。他緊緊地捧住西施的手，想把滿腔的柔情，溫敦的話語，透過雙手傳到西施的心田。他深情地注視著西施那雙又黑又亮、充滿柔情蜜意的大眼睛。他忽然產生一種強烈的衝動，想吻一吻那雙會說話的眼睛，吻一吻那似嗔似笑的櫻桃小口和那瀑布般的秀髮。他覺得，那如蘭如桂、似脂似粉的芳香，正是從那裡散發出來，吸引他來到這裡的。

西施預感將要發生什麼事，輕輕地把手抽出來，反撫著范蠡那雙繪藍圖、定乾坤的手，輕聲細語地說：「蜜越釀越甜，酒越貯越醇。」

一句話如醍糊灌頂，把如醉如痴的范蠡拉回到現實來。他看天色已晚，想到還要回都城復命，便強忍不捨之情，辭別西施，踏上歸程。

西施呆呆地站在溪邊，望著范蠡那遠去的背影，直轉過山凹，再也看不見的時候，她才若有所失地朝家中走去，這正是：范蠡西施溪邊聚，一見鍾情托終身。

五、一別三年

闔閭十五年時，越國開始強盛，越王允常曾趁吳軍攻楚時，乘機來偷襲吳國，使吳國吃了一點虧，四年以後（闔閭十九年），越王允常去世已二年，其子句踐嗣位，吳王認為這是滅越的良機，興兵伐越，兩國的兵馬在檇李（浙江嘉興）交戰，想不到年青的句踐詭計多端，比闔閭更聰明一籌。他把三百個牢獄中的死囚放出來，組成敢死隊，排成三行，在軍隊之前向吳軍作「人海戰術」，挺進後，人人把刀架在自己的脖子上，在軍陣火線上喊話說：「越王開罪了吳王，我們願以死為之贖罪。」言罷即自刎死去，這一招，可使年老的闔閭迷惑了，吳軍兵心也隨之騷動，這時越軍忽鼓聲雷動，大批兵馬衝殺過來。一陣亂箭射出，吳軍猝不及防，遂告大敗。闔閭在亂軍之中，中箭受了重傷，終告不治死去，臨終前叮囑夫差：「勿忘報越人殺吳之仇。」結束了他輝煌的一生。

夫差念念不忘父親臨終之叮囑，命令把守宮門的衛士，每當他經過時，就大聲地問他：「夫差，你忘了越國殺死你父親的仇恨嗎？」

夫差聽說，心情沉痛地回答說：「不敢忘。」

一般人認為「臥薪嘗膽」，是句踐的事，事實上，「臥薪」不忘復仇，是夫差「臥薪」，而「嘗膽」，才是句踐的行為。

吳國積極充實戰備，引起越王句踐緊張，為求先發制人，西元前四九四年，句踐出動軍隊，向吳挑起大戰，兩軍在夫椒（今蘇州西南）交鋒結果，越軍大敗，句踐率眾退到會稽山，被吳軍團團包圍，無奈只好派大夫文種，向夫差求和，吳王因相國伍子胥反對，沒有答應。幸文種買通吳相國伯嚭，講妥每年進貢十萬匹羅紗、十萬石稻米為條件，同時，句踐夫婦還要到吳國去作人質，替夫差養馬駕車，妻子負責掃洒除糞，范蠡則隨行照料。

句踐一一忍氣吞聲接受，去國之日，還選了國中美女三百卅人，三百名給吳王夫差，卅名給太宰伯嚭，和議始成。

句踐在吳國，住在石洞內，服勞役，吃盡苦楚，受盡折磨，不敢出一怨言，如是經過了漫長三年之久，某日，夫差患病在身，句踐用范蠡之計，嘗吳王糞便，以示已誠心降服，夫差病癒後，感念其衷心誠意，才釋放其返回越國。

句踐回國後，除嘗苦膽夜夜不忘復仇外，他更採納文種之建議，向夫差獻巧工良材，廣建宮殿，以罄耗吳國的人力、財力，同時也接受范蠡的高見，向夫差獻「美人計」，以迷惑其身心，不理朝政。

先是擴建一座工程極為浩大的「姑蘇台」，「姑蘇台」又名「姑胥台」築於姑蘇山而得名，前後歷時九年始完成。

臺，是居高臨下，可以眺望遠處的建築物。《史記》「登姑蘇，望五湖。規模之宏大，據說可與商紂王的「鹿台」和楚國的「辛台」相媲美，據「越絕書」、「述異記」、「吳郡志」等書記載：「台高三百丈、寬八十四丈，造九曲路以登臨，周旋詰曲，橫亙五里，登台可眺望三百里。」夫差五年（公元前四九一年）曾登台檢閱太湖水師，等於一海軍閱兵台，夫差為登此台，特在山上興建通道，並命登台之山峰，為「由姑嶺」。惜夫差廿三年兵敗，為越軍攻陷，范蠡奉句踐之命，指揮士兵火焚，付之一炬，大火燒了三天三夜，該台才變為廢墟。

再說范蠡為了向吳王夫差獻「美人計」，他走訪各地，最後仍是來到了諸暨的苧蘿村，相隔了三年，西施已是十九歲的少女，他不知道西施是否還記得他？

六、思念成疾

西施自與范蠡別後，三年來，思念范蠡，無時或忘。終於相思成疾，常常徹夜心疼不止，父母知道她是心病，思念范蠡，就四處打探外面的消息，始知吳、越交戰，句踐兵敗會稽，率眾議和投降，君臣妻子，均被虜往吳國都城，而西施心愛的范蠡，亦伴君去了吳國，伴君在朝，致無法分身，再來踐約。

一日，范蠡重臨諸暨，宿於館驛，偶得一夢，夢見仍在溪邊浣紗的西施，乃獨自出城，來到苧蘿村，當年他與西施初遇定情的若耶溪。

這時，村頭緩緩走來一個女子，習習晨風吹過她飄拂的秀髮，掩起那款款的裙擺，遠遠看去，就像一個隨風飄蕩的月中仙子。范蠡仔細一看，立刻從那不俗的儀態中認出了來人，他不由自主地喊出了「西施！」

意外地看到西施，范蠡十分高興，但畢竟已越數載，西施還能認出我范蠡嗎？她心中的如意郎君是否易主了呢？范蠡一時找不到答案，就在一叢灌木後站定，悄悄地觀察西施的動靜。

西施緩步來到訂約的地方，臨溪若有所思，她那瀑布般的秀髮披散身後，沒有挽成髮髻，范蠡更是看得真真切切，心裡完全明白了：西施在等我踐約！痴情的西施，可愛的西施！

范蠡輕手輕腳地來到西施身後。西施正凝神回憶當年訂約時的情形，一點也沒覺察到身後有人。清澈的溪水，不解人間情事，無遮無掩地透露了春的消息。西施從溪水中看見了身邊的范蠡，輕輕地埋怨一聲，轉身欲投入范蠡的懷抱，可范蠡已靈巧地又轉到她的身後，以致使西施誤以為剛才見到的是幻覺。

「范相國，范大夫，范蠡，冤家你何苦捉弄我這樣一個山野村姑呢！」西施聲音顫抖，十分悲惋。

從西施那悲惋的哀怨中，范蠡覺得西施已陷進痛苦的淵藪。他張開雙臂，將西施緊緊地抱在懷中，俯在她耳邊喃喃地說：「我來了，西施！范蠡來了，妳知道嗎？」

聽到這熟悉而又陌生的聲音，西施心裡一陣悸動，她來不及看，也來不及想，就勢倒在范蠡的懷中，晶瑩的淚珠順著雙頰流下。

晨風習習，溪水淙淙，林鳥啾啾，牧笛聲聲，不知是祝福這對久別情人的重逢，還是預示他們將有新的噩運！

看著懷中冰雕玉磋般的美人，端祥著西施那似怨似嗔似喜似悲的神態，一種強烈的衝動沖決理智的堤壩，傾瀉而下，他忘情地親吻著西施的秀髮，親吻著她的額頭，臉龐，眼睛，眉頭。

早該出現的一幕直到今天才出現，西施雖覺有幾分遺憾，但仍如痛飲了一頓美酒，人醉了，心也醉了。她期待著范蠡更親熱更甜蜜的舉動，想像著就要來到的令人忘情、令人陶醉、令人丟魂失魄的柔情蜜意。

然而，范蠡那有力的雙手慢慢鬆開了。她大惑不解地睜開雙眼，迷惘地看著眼前這個一直讓她夢縈魂牽的男子。

「為什麼不問我？問我為什麼今天才來。」

「我已經知道了，再問不就多餘了嗎？」

「妳知道什麼？」

「你的一切。」

西施嫣然一笑，說：「久聞相國忠心事主，追隨越王左右。越王遠適吳國，相國隻身一人保越王平安返國。越國傾而復存，越王危而復安，全賴相國之力。」

「妳足不出户，哪裡得此消息？」

「不瞞你説，你走之後，我一直等待你來迎娶，屆期不見你的身影，心裡好恨你，甚至懷疑你是他鄉浪子來尋花問柳，招蜂引蝶。我用心打聽，方知是吳、越交兵，你身為相國，怎能能丟開國家大事，來溫兒女舊夢呢？我坦然了，相信你在國泰民安之時會來踐約的。可我萬萬沒想到一等就是三年。我真擔心再等下去，青春消逝，人老珠黃，相國還瞧得起我這個山野村姑嗎？」西施深情地看了范蠡一眼，倚偎到他的胸前，悄聲説：「你再不來，我就準備女扮男裝，到京城去找你。一個女孩家，千里尋夫，真讓人不好意思。這下好了，蒼天把你送到了我跟前，我用不著去千里尋夫了。」

和西施溫存的時候，范蠡忽然想起了此行的重任。為了國家，為了百姓，他不能不正視這個問題。歷半年之久尋訪美女，雖然尋到一些，但像西施這樣美妙絕倫又深明大義的女子，一個也沒有。作為相國，作為越王句踐言聽計從的謀臣，他首先想到了自己對越國、對越王擔負的責任。他認為，要完成惑敵心志的重任，西施是最合適不過的人選。然而，西施卻是他的意中人，西施對他竟是一往情深，痴情痴意。他怎麼能夠傷害這樣一個天真美麗的姑娘，在她潔白無瑕的心靈上投下無情的陰影呢？為了西施，他願意捨棄人間的一切，遠遁山林，清靜地了卻一生；為了國家，為報句踐的知遇之恩，他又必須作出新的選擇。儘管這種選擇本身就意味著絕情和背叛，但於情於理他都不可能作出別的選擇。

范蠡陷入深深的內心矛盾之中，心裡十分痛苦。他不願流露出來，讓西施看出居相國之尊的男子漢內心的痛苦。然而，他這個拙於情場的生手，怎能巧妙地掩飾自己的心態呢？又怎麼可能不被心細如髮、聰穎過人的西施看破呢？

「范大夫，你怎麼不說話？難道時間老人能夠拉開我們之間的距離嗎？」

「時間老人還沒有這麼大的力量。對妳的愛，是任何力量、任何情況也改變不了的。海可枯，山可移，范蠡之心可對日月，永遠也不會改變。」

「既然如此，還有什麼不能對我說的嗎？」

「我……」一向能言善辯、出口成章的范蠡，竟然變得木訥笨拙起來。

「范大夫，我們既已互託終身，還有什麼不好開口呢？」

「我怕妳……」

「你知我為何直到今天才來嗎？」

西施搖頭不語。

「幾年前，吳國興兵侵犯越國，越王句踐不能採納正確的建議，致使喪地辱國。我陪伴越王在吳都度過了艱難的三年歲月。後得返越。越王下令搜求美女進獻吳國，以懈敵之志。我奉越王之令，尋訪美女，迄今已歷半載，結果並不理想。來到諸暨，我忽然想起我們當年的盟誓。為重溫舊夢，我獨自來到這裡，見妳風采更勝當年，喜不自禁。」說到這裡，范蠡略一停頓，繼續說：「可惜，所訪諸美，竟無一個能及妳十一。妳的風采，妳的儀態，妳的美麗，妳的聰穎機敏，遠遠超過了所有的美女。為國家黎民考慮，我們本當割捨兒女私情，同赴國難，可是我們早有婚約在先，若不是戰爭，我們早已偕百年之好，同享人間的歡樂了。如今國難當頭，我們怎忍心為一己之歡樂而置國難家仇於不顧呢？」

「越國受吳之辱，人人切齒，個個圖報。只恨妾身為女子，不能為國家效力。」說到這裡，西施亦十分憤慨。

「越國覆國之恨，越民塗炭之苦，越王石室受辱之恥，終當要報。只是獻往吳國施行惑敵心志、離間仇敵之計的女子，不僅要美貌絕倫而且要聰明機智，多謀善斷，深明大義。不然，徒費美色而難收寸功。」

「報仇雪恨，當動以兵戈，訴諸武力，何用美色？」

「妳有所不知，吳國兵精糧足，謀士猛將遍佈朝廷，動以兵戈，越國只能二次受辱。今吳王營造姑蘇台、大廣宮室，尋歡作樂。我正當乘此機會進獻美女，使吳王耽情酒色，荒廢朝政，窮其資財，然後乘便離間吳國君臣，除掉伍子胥等良將。我越國才可乘虛而入，以報奇恥大辱。」

西施不待范蠡說完，慨然掙出范蠡懷抱，擲地有聲說：「妾雖女子，報效國家，義不容辭。只是妾身若事仇敵，日後斷然不敢再玷侮相國貴體，望相國原諒。」

范蠡原以為讓西施這樣一個天真純情的少女承擔捨身離間吳國君臣的重任，需要耐心的說服勸導，沒想到西施如此深明大義，斷然割捨真情，這反使范蠡的感情難以承受得了。西施本應屬於他，一旦赴吳，就要受到敵酋的凌辱，芬芳鮮艷的花朵毀於血雨腥風，身為相國的范蠡，怎忍心看到這樣的結果呢？可是，不用西施，誰人能擔此重任？沒有。此項重任非西施莫能為，非西施莫能行。想到這裡，范蠡輕輕地拉住西施的手說：「妳我已結同心，彼此的心早已交給對方。值此國亡家破之時，有妳這句話，我也就知足了。今後縱有千般波折，萬種磨難，范蠡我也是矢志不移。興越滅吳之時，我當偕同姑娘，遠遁天涯，躲離人間是非之地。」

說完，范蠡拔出佩劍，一劍將眼前的石塊砍為兩半。

「此情此心，溪石可表！」

「范蠡！」西施輕輕喚了一聲，一頭撲入范蠡懷中，無言地傾訴著。

這對經歷了感情磨難的戀人，久別之後的重逢，竟又演出了一幕催人淚下的人生悲劇。

七、檇李送別

范蠡回到會稽，晉見越王，雙手呈上芳名譜。越王打開美女名冊，瀏覽一遍，問道：「范大夫，你辛苦半年，選到這麼多美女，不知有哪幾位可以勝任離間吳國君臣重任？」

范蠡奉道：「微臣不辭鞍馬勞頓，遍訪國中，雖得許多花容月貌的美女，但多是徒有其表，真正美質於外、聰穎於內的，依微臣看來，只有諸暨西施一人。大王可按譜選聘，但對西施要著意培養，請人教授歌舞，吹拉彈唱，琴棋書畫，針織女紅，都要傳授，另外，還要傳授一些吳國的風土人情，民風民俗。待她們熟練之後，一同送往吳國。那時，西施會施展宏才，相機取事。大王穩坐會稽，靜候西施佳音就是了。」

越王准奏，按譜征聘美女，將西施等百餘名女子召到都城，令人教授歌舞技藝。三個月後，越王親到別館看視，眾美女競相獻技。越王認真挑選，從中選出十名，西施名列十人之首。越王把這十名美女帶回宮中，設盛宴款待。席間，越王揮淚舉杯，把興國大業託付給西施等人。那些初入宮廷的少女們見一國之君竟然如此看重她們，又念越國傾國之恥，一個個指天發誓，效忠越王，為國盡力。西施靜坐一旁，默然不語。此時此刻這位苧蘿少女的心事，大概只有范蠡才會知道。

勾踐將十名美女一個個認真詳了一番，發現只有西施脫俗不凡。西施那高雅的氣質，不俗的儀態，美麗絕倫的相貌，那雙會說話的大眼睛，那動人的櫻桃小口，都令勾踐神往不已。他忽然覺得西施這樣一位女子本是他的臣民，理應歸他這一國之君所有。他想把西施留在宮中，適當的時候，把她扶上一國之母的寶座。

「西施姑娘，妳為何不說話？是不是怨恨寡人無能，讓妳們這些妙齡女子做那些不該做的事情？」

「啓稟陛下，」西施深深施了一禮說，「臣妾本是山野村姑，蒙陛下看重，不日就要奉旨使吳。到了吳國，山隔水阻，雖思念父母之情，但也只能在心中夢中。臣妾想在啓程之前，把越國的山山水水牢牢地記在心中，在使吳的紙醉金迷生活中，不忘我故國山水草木。」

「妳既然如此留戀越國，寡人把妳留在宮中，妳看如何?」

「臣妾來到都城，是欲以五尺之軀報效國家，雪越國之恥，盡臣民之責。宮中生活，臣妾不敢留戀。」西施聰穎過人，從越王的神態和言談中，她似乎已感越王對她另有打算，便委婉而又堅定地表達了自己的心願。

越王原以為只要他開口讓西施留在宮中，西施一定歡喜不盡，感戴他的恩德，沒想到西施柔中有剛，堅決不從。他哪裡知道西施所思所想?西施痴情地戀著范蠡，但為了雪國家之恥，與復越國，她毅然斬斷情絲，慷慨赴國難。就在作出這種痛苦選擇的時候，她對范蠡的感情又昇華了一步。她怎能夠捨棄大義，捨棄范蠡，留在越充當越王的寵妃呢?

一旁陪宴的范蠡已經看出句踐的心思，國難當頭，恥辱未報，越國未興，百姓尚在苦難之中，你怎能迷戀女色，將深仇大恨置於腦後呢?你忘記了石室之辱嗎?范蠡雖然十分憤慨，但仍不動聲色，只是提醒道:「大王，微臣費盡苦心選取這些美女，是為了進獻吳王，惑敵心志，離間吳國君臣關係，實現大王與越滅吳的宿願。大王理應勵精圖治，若要享用，待與越之後不遲。」

被范蠡點中了心事，句踐頗為尷尬，自解道「寡人欲試試西施而已。」說著，他站了起來，手執酒杯，對眾人道:「越國之仇能否得報，越國能否再與，全賴諸卿努力。諸卿赴吳之後，一定要盡心服侍吳國君臣，使他們耽情酒色，荒廢朝政，忘卻國事，互相猜忌，互相傾軋。諸卿要為興復越國盡心盡力，以死報國，不可走露消息。妳們走後，家中之事，寡人令范大夫妥為處理。妳們是興復越國的功臣，妳們的父老兄弟也是越國的功臣，寡人不會忘記。」

說到這裡，句踐舉起酒杯：「明天，范大夫護送諸卿到吳境。寡人今天特為諸卿餞行。願諸卿同心同力，馬到成功！」

「謝陛下！」少女們齊聲答謝。

次日，越國通往吳國的大道上，一支儀仗肅整的車隊急速北行。車隊曉行夜宿，向吳國境內進發。

一出都城，西施的心情就沈重起來。隨著車隊與都城之間距離的加大，西施的心情愈加沈重陰鬱。范蠡親自送行，給了她很大安慰，但故國之思一陣陣襲來，她想念家鄉父老，眷戀苧蘿山的一草一木，思念青梅竹馬的女伴。此去吳國，生死未卜，前程難測。倘能順利完成任務，可望全身而返，若稍有閃失，也許今生今世都不能再涉越境。想到這裡，西施隱隱地恨起自己，也怨恨范蠡不該告訴她使吳重任，不然，他們可以攜手同入山林，遠離塵世，共享人生樂趣。唉！人生說不盡的陰錯陽差，說不盡的悲歡離合！

車到檇李，當地百姓聽說是出使吳國的車隊，攔在當道，求見使者。范蠡從車上走下，向父老鄉親施了一禮說：「我是越國大夫范蠡，各位父老可能已見過卑職。今奉越王之命，護送車隊到吳境。不知各位父老有何見教？」

人群中走出一個手提竹籃的老人，銀鬚飄然，道骨錚錚，儼然有神仙風範。他舉步走向車隊，對眾人說：「范相國忠心為國，有口皆碑。今日護送車隊赴吳，想必亦是受命而往，檇李是越王大敗吳王闔閭的地方，范相國至此，想必不會忘記檇李的光榮，也不會忘記會稽的恥辱。」

檇李是越國的驕傲。吳王闔閭為報越王允常乘虛侵犯吳境之仇，乘越王句踐為父允常守喪之機，發兵犯越。越王句踐親率哀師拒敵於檇李，大破吳兵，吳王闔閭身被重創，險些作了越國的俘虜。這一仗，使越國民心大振，舉國激憤。可惜越王沒能利用這一有利時機，乘勝滅吳，結果吳王夫差勵精圖治，積蓄力量，三年之後，再次興師犯越，生俘越王句踐。因此，越民提起檇李，個個振奮。老者特意提到檇李大戰，范蠡自然懂得它的弦外之音。但是，檇李距吳國不遠，誰能保證這裡沒有吳國的密探？越國既已向吳國臣服，在力量尚不足以復仇的時候，絕不可讓吳國覺察到越國復仇的意圖。范蠡看出老者非等閒之輩，在眾人中享有很高的威信，只要說服老者，眾人自然誠服。

「檇李、會稽都是越國之地，范蠡不會忘記。但此一時，彼一時，時時不同，請各位父老鄉親體諒范蠡的難言苦衷。今日護送車隊赴吳，是奉了越王的旨意。各位父老鄉親有何不解，待范蠡完成使命之後，陪伴各位面見越王，一聆教誨。」

「范大夫胸懷，日月可鑑。」老者代表眾人，向范蠡還了一禮，然後走上前去，掀開車前幃帳一角，只見一美色女子垂首而坐，捧心蹙眉，面容消瘦，不覺動了惻隱之心。

「范大夫，此女神色異常，可能是旅途勞頓，又遭風吹雨淋所致。大夫既護送這些女子赴吳，怎能不精心保護她們的容顏？」

老者遞過竹籃，接著說：「這是我們這裡的特產，以地而名，稱作檇李。這種李子個大肉厚，顏色殷紅，味道甘甜，它能清神解燥，消災去病，強健人體。託天之福，今年的李子更非尋常，汁液充盈，只要用指甲輕輕掐一個小洞，就可吮吸到它甘甜的汁液。這位姑娘身體單薄，神色異常，一路不宜飲水食物，每日吃上幾枚李子，可消災解暑，保養身體，增添智慧。」

老者突然壓低聲音，悄悄地說：「姑娘，與越滅吳的希望就寄託在妳身上了，妳要好自為之！檇李父老，越國父老，都在盼妳成功，盼妳早日歸來！」

車中的女子正是西施。車隊突然停下來的時候，她感納悶：沒到歇息的時候，怎麼停下來了？前些天沒有出現過這樣的情況啊！這時，她聽到了范蠡的聲音，知道到了檇李。過了檇李，很快就要離開越國了。西施心事重重，垂首冥想。忽然，幃幔邊透出一線亮光，她感覺到有人朝裏面窺視，甚為氣憤，但最終還是強壓住了怒火。並無惡意的窺視尚不容忍，到吳國之後怎能容忍禽獸的穢行呢？再屈辱的事情也要忍受，再殘酷的命運也要接受，不然，就白白付出了沈重的代價，對不起范蠡，對不起越國百姓，對不起家鄉父老，也對不起自己。老者的話語，尤其是那「越國父老都盼妳成功」的話，深深地打動了她。從他那不凡的話語中，西施看到了一顆正義之心，感受到自己的重擔。不能辜負故國父老的期望！不能辜負老者的一片苦心！西施心中暗暗發誓。

幃幔落下。眾人讓開一條通道，車隊緩緩而行。

范蠡手提竹籃，灑淚向眾鄉親告別。

范蠡策馬追上車隊，與西施乘坐的車輛並轡而行。

西施知道范蠡在側，挑開幃幔，問道：「范相國有何感受？」

「越民不可欺，越國不可滅！」

范蠡探身把竹籃遞給西施，接著說：「記下越國父老的情誼吧！此去吳國不遠，出了檇李地界，我就要回都城復命。望妳到吳之後，謹記重任，不負越國父老重望。復國之日，我當親為姑娘駕車馭馬。」

西施不敢企望相國駕車馭馬，只想事成之後，相國謹記前約，與她攜手遠遁天涯。西施想起宴會之上越王勾踐那不懷好意的目光，擔心事成之後不能與范蠡偕百年之好，反被越王淫辱。

「滅吳之後，范蠡即掛冠去職，攜姑娘浪跡天涯，歡度餘生。」

范蠡對愛情的忠貞，使西施感到極大的安慰，獲得了無窮的勇氣和力量，她揀出一枚殷紅的大李子，遞給范蠡，十分感傷地說：「要離開越國了，檇李父老送來了一籃李子。檇李生在檇李，長在檇李，離開檇李這塊土地，檇李就不成為檇李了。西施離開越國之後，也就成了離子了。離子有國。西施將時刻謹記自己的使命，不忘故國父老，不負送李老人的一番苦心。」

她深情地看了范蠡一眼，舉起手中的李子，呢喃著說：「李子，離子！望相國時刻想著遠方的離子，不要辜負離子的一片心。」

風聲颯颯，馬蹄得得。

西施那如泣如訴的臨別之語，如驚雷陣陣，縈耳不絕。向前來迎接車隊的吳國使者辦完一切交接手續後，范蠡駐馬北望，淚水奪眶而出。男兒有淚不輕彈，只因未到傷心處。心中的女神就要落入魔掌，遭人凌辱，而且，是由自己親自把心中的女神送到魔窟，這屈辱是再剛強的男子也不能忍受的。范蠡看著車隊漸漸地消失在視野，只覺心如刀扎，悲切地喊了一聲：「天啊！原諒范蠡的無能吧！」

八、初試身手

車隊到了吳都姑蘇，吳王夫差宣十名美女上殿，他一眼就看中了西施，問道：

「西施，妳都會些什麼，可否讓寡人一樂？」

「琴棋書畫，吹拉彈唱，歌舞技藝，賤妾皆略曉一二，不知大王欲以何為樂？」

「噢，還是一個多才多藝的女子哪！寡人征齊方回，妳就彈一曲，以慶凱旋吧。」

吳王令人取來琵琶。西施接過，略一試音，當場彈奏起來，琴音一起，但聞宮商齊奏，角徵交鳴，時而鏗鏘，時而嗚咽，時而如疾風暴雨，時而如行雲流水，按節起聲，頓挫抑揚。吳國君臣一個個如醉如痴，忘情身外。

忽然，琴音一轉，江水倒流，只覺悲悲切切，如泣如訴，淒淒涼涼，如哀如怨，仔細聽來，似有《式微》之嘆，《黍離》之悲。

夫差聽後，勃然變色，拍案喝止：「寡人讓妳彈奏一支慶賀凱旋的曲子，妳怎敢彈此亡國之音！」

西施一點也不驚懼，她輕輕放下琵琶，分辯說：「妾本越民，越是已亡之國。亡國之民，只配奏亡國之音，若彈激昂慷慨的奮進之曲，怎顯我越國對大王的臣服之心？」

夫差見西施妙若天仙，多才多藝，又知上下進退之禮，十分喜歡，遂留西施為內侍，把其餘九位美女分賞給伯嚭、伍子胥等大臣。

伍子胥見夫差如此寵愛美色，擔心中了越國的美人計，出班諫道：「臣聞『五音令人耳聾，五色令人目眩』。夏桀寵愛妹喜而滅，殷紂寵愛妲己而亡，幽王寵幸褒姒而死，獻公寵幸驪姬而敗。女色誤人，女色誤國。自古而今，寵幸女色者，沒有一個不喪身亡國。如今越王進獻美色，是想讓大王沈緬酒色，荒廢朝政，自取亡國之道。大王趕快遣返這些美女，免遭亡國之難。」

伍子胥直言犯諫，夫差聽來十分逆耳，怒道：「食色，性也；愛美之心，人皆有之。句踐得此美女，不敢自己享用，獻給寡人，足以證明他對吳國沒有二心，不知相國為何如此進讒，懷疑句踐圖謀不軌！夏桀、殷紂，都是亡國之主，相國拿他們比寡人，不知又是何意圖？相國既為人臣，應該知道怎樣盡忠事主，為何在朝廷之上公然侮辱寡人？不知相國把君臣之禮置於何處？寡人決意留此美女在內宮，卿勿復多言！」

受了一頓奚落，伍子胥十分尷尬，仰天長嘆一聲，悻悻而退。

當晚，夫差就把西施留在內宮，備齊酒宴，相對而酌。西施殷勤勸酒，夫差樂不自勝，一杯接一杯地飲。酒至半酣，西施脫去外裙，肩披薄紗，輕歌曼舞，柔軟的腰肢，輕盈的舞姿，飄忽不定的彩紗，都似有無限的魔力，使夫差魂魄俱醉，很快進入了溫柔鄉。

九、大興土木

夫差繼「姑蘇台」後，為討西施歡心，特在靈岩山上大興土木，建了一座「館娃宮」，與西施在山上歡度春秋，這也是吳王避暑的離宮，專為討好西施而興建。

「吳越春秋」載：「硯石山有館娃宮。」

「郡國志」載：「石城山有吳王離宮，越獻西施于此。」

「吳地記」載：「館娃宮，吳人呼西施作娃，夫差置，今靈岩山是也。」

「吳郡賦」載：「幸乎館娃之宮，張女樂而娛群臣。」

此一「館娃宮」，前後興建，達六年之久。動員民伕達數千人之多，死於勞役者，不可勝數。建造之木材，多由越國用河道運來，越王句踐，為求討好夫差，取得其信任，特進貢了兩根非常巨大的木材，名叫文梓和楩楠，有二十圍粗，五十尋（一尋為八尺）長，油漆得光亮奪目，並鑲上黃金與白玉，所謂：

「銅鈎玉檻，飾以珠玉」，為求築得美輪美奐，運至山麓河道的大量木材，連溝滿瀆，塞滿了河道，也是該地取名為「木瀆鎮」的由來，此名如今仍沿用。

按靈岩山距蘇州城約十三公里。民國八十三年，我二度返鄉掃墓，我母親的墓，就葬在靈岩山麓木瀆鎮的公墓，向鄉親們採訪到不少當年西施留下的遺跡，這裡，向讀者作一番介紹。

夫差為獲得西施的歡心，在靈岩山上的「館娃宮」，特建造了十八景。其中專供西施跳舞的「響屧廊」又名「鳴屐郎」，據「古今記」載：「吳王夫差以楩楠建廊，而虛其下，令西施及宮人，步屧繞之，則跫有聲」。「響屧廊」是上面鋪一層有彈性的梗梓木板，下面放著一排大水缸，由于西施保留越女穿木屐的習俗，所以，當西施與宮女佩帶金鈴玉，足穿木屐，在廊上漫舞時如同木琴發出「跫跫」響聲，加上叮叮噹噹的佩玉鈴聲，真是動人的樂曲。

此景，唐詩人白居易曾有詩曰：「館宮屧廊尋已傾，硯池香涇又欲平，二三月時但草綠，幾百年來空月明」，唐時已難尋此一古蹟，如今更難找蹤影了。

民國五十五年名導演李翰祥由台製廠拍攝「西施」一片時，曾因此片榮獲第四屆金馬獎最佳美術設計的顧毅先生，曾精心構思該景，重現銀幕，由女主角江青在響屧廊上妙舞一番，看過該片的影迷，當記憶猶新。

白居易詩中：「硯池香涇又欲平」句中之「香涇」，即係「采香涇」，亦十八景之一。

是山南一條筆直的小溪，直通太湖，該溪又名「一箭河」。原來是西施在山上，幾次欲去香山遊玩，因路遠未能成行，途中須繞道，十分不便。夫差為取悅西施，張弓朝香山，用力射出一箭，箭飛到香山，夫差下令，接銜箭飛行之路線，開鑿一直線運河，兩岸遍植垂楊、鮮花、香草，這條直行小溪鑿成後，二人乘船，一路笙歌伴送到香山，此情此景，其歡娛之情況，可以想見，現相隔多年，小溪亦已湮沒無影矣。

此外，尚有供西施在山上划船嬉玩，挖掘的「天池」，池中有「青龍舟」，舟中盛陳伎樂，取名「畫船嶁」之「划船塢」，因火焚後，也已蕩然無存焉。

民國七十九年，我首次返大陸，去蘇州掃墓時，僅見了現尚存有的「吳王井」、「玩月池」、「西施洞」等三處古跡，茲分別細述如下：

「吳王井」在靈巖山頂吳宮御花園中，相傳西施居住入山上之館娃宮後，因古時婦女梳妝，無鏡對照甚為不便，西施是一浣紗美女，在家鄉時，常用溪水中的倒影察看自己的玉貌，如今在山上，若無水井，無法理妝插花，就一再嘀咕，夫差為討好她，特專為她在山上挖了一口井，供她梳妝打扮，該井泉水清澈，又

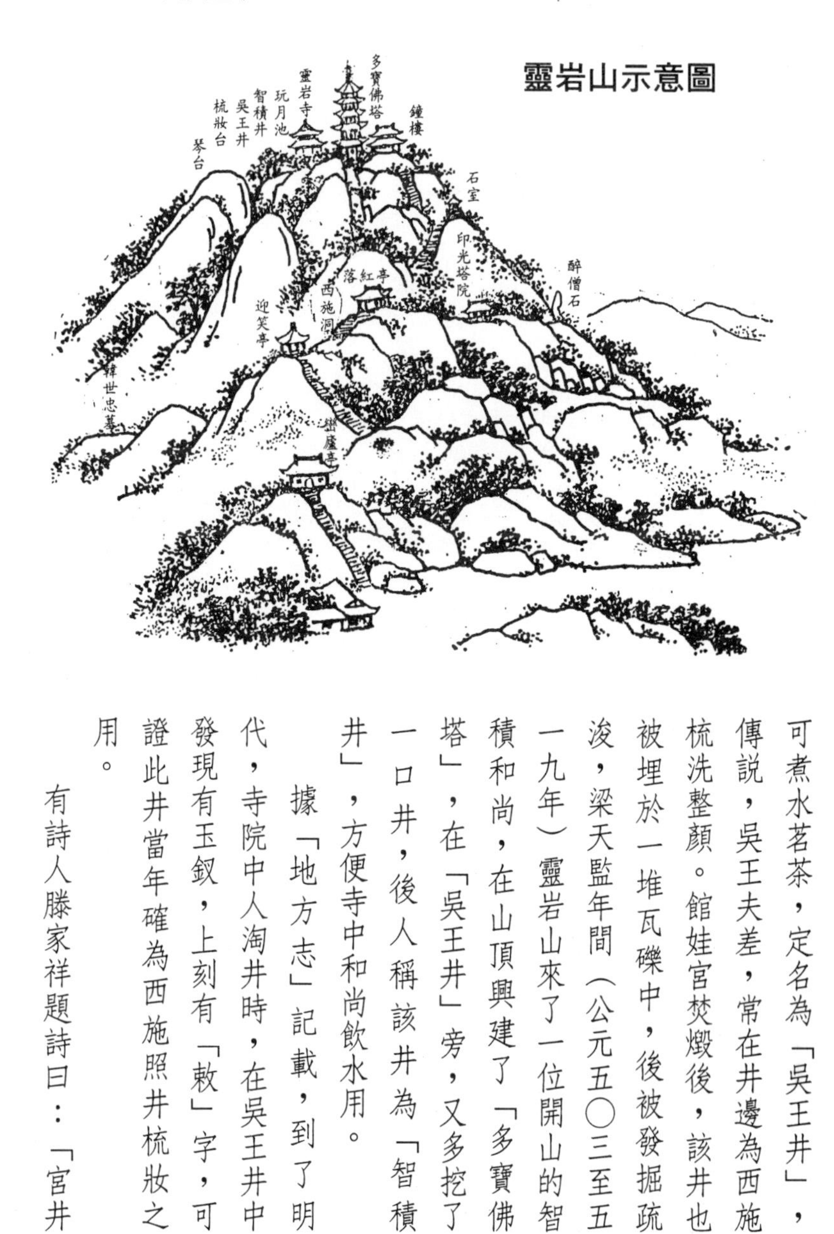

靈岩山示意圖

可煮水茗茶，定名為「吳王井」，傳說，吳王夫差，常在井邊為西施梳洗整顏。館娃宮焚燬後，該井也被埋於一堆瓦礫中，後被發掘疏浚，梁天監年間（公元五〇三至五一九年）靈岩山來了一位開山的智積和尚，在山頂興建了「多寶佛塔」，在「吳王井」旁，又多挖了一口井，後人稱該井為「智積井」，方便寺中和尚飲水用。

據「地方志」記載，到了明代，寺院中人淘井時，在吳王井中發現有玉釵，上刻有「敕」字，可證此井當年確為西施照井梳妝之用。

有詩人滕家祥題詩曰：「宮井

依然似井開，墜釵人去有誰哀；年年山上秋風起，應作驚鴻照影來。」

我與內子柯玉雪特在「吳王井」前拍了一張照片留念，井呈八角形，井水已混濁，另一形式相似之井，即「智積井」。

繼「吳王井」後，夫差又為西施開鑿了一「玩月池」，圓形，四週環以假山，該池又名「浣月池」、「硯池」。池邊栽種鳳尾竹，池中植以荷花。月圓之夜，夫差與西施，就在池邊賞月飲酒，酒至半酣，西施不免興起鄉愁來，望著水中的月亮，默默流下眼淚，再也不肯喝酒。

夫差為求西施開心，答應她任何請求，只要她說出來。

西施說：「這件事，大王恐難辦到，我要你把天上的明月摘下來，讓我捧在手掌心上。」

夫差表示：「這莫非是開玩笑，天上的月亮，寡人如何能摘下來呢？」

西施忽然靈機一動，款款起身，走向池邊，彎下身子，雙手捧起一掬水來說：「大王，來看，月亮不在我的手掌心嗎？」

夫差一看，果然水中有月，哈哈大笑，擁美人入懷，宮女們也喝采歡呼，從此，這一水池，就名為「玩月池」。

這一「水中撈吳月」的故事，在蘇州流傳甚廣，後人評論云：「強說玩花還玩月，個中已幻沼吳謀。」是吳國滅亡的不祥先兆。

如今，這一「玩月池」仍在，池中不見荷花，但見雜草叢生，可見美景，還須有人照顧維護才行。

「西施洞」，是一山洞，有一人多高，丈多深名「石室」，中可住人。

據「吳越春秋」載：「吳王夫差拘句踐、范蠡於此。」

相傳夫差與西施在山上漫步至半山腰時，常在此洞小憩，夫差告訴西施，此洞當年即是越王句踐投降後，蓬頭赤腳，在此當馬夫時寄身之處，大家都叫它是「句踐洞」。

西施是越女，聽此言，不免觸景生情，但仍強顏歡笑說：「此洞涼風習習，六月無夏，七月無暑，使我如同回到故鄉苧蘿山下的浣紗石旁，大王，可否將此洞改名為『西施洞』，將吳國視作自己故鄉一樣呢！」

夫差當然一口應允，准其所謂。

到了明末，有顧炎武曾題詩曰：「館娃遺跡草迷離，古洞千秋尚姓施，大可功成隱嚴穴，又何一舸逐鴟夷。」

民國卅二年時，有人在洞中顯見觀音大士像，乃一度改名為「觀音洞」，洞中樹立有觀音塑像，後「文化大革命」時，佛像被摧毀，現為保持古蹟，仍用

「西施洞」之名，以招徠觀光遊客。

上述之諸項古蹟，可證實「館娃宮」，雖已被毀，但夫差、西施之故事，流傳久遠，永遠為後人所憑弔。

自「水中撈月」以後，夫差愈加寵幸西施，一時一刻也離不開她。西施在館娃宮中，出入皆依后妃禮儀，這為西施施展身手，提供了極大的方便。

西施既已擅寵宮中，常常在夫差高興之時，不失時機而又不露痕跡地提出一些要求，以消耗吳國資財。她先是藉口宮中嬪妃太多，妨礙二人的好事，讓吳王興建館娃宮。吳王就令大將王孫雒率兩萬軍民在靈岩山建築「館娃宮」，銅鉤玉欄，珠玉飾頂，七寶鑲嵌，耗費巨資。建成之後，吳王令西施和宮中侍女移居館娃宮，整日和西施在館娃宮飲酒作樂，不問朝政。

西施愛食鮮魚，御廚進獻的食物，西施嫌味道不鮮，遲遲不肯動筷。為討西施的歡心，夫差令在御膳房邊築一養魚池，又動用數以萬計勞工開渠溝通太湖，引太湖水養魚。西施喜食一種奇特的鴨，這種鴨食極為貴重，用香料拌米，加入脂油，然後方能餵食。待鴨長大後，西施方肯食用。為讓西施高興，夫差令修鴨城，專門飼養這種鴨，供西施食用。夫差又令築雞城、鵝城，餵養雞、鵝供西施享用。

西施喜飲紹興女貞酒，夫差就命越國貢獻此酒，以備西施飲用，但路途遙遠，又經風浪顛簸，運至姑蘇，酒已混濁變質，不能飲用。夫差又令築酒城，仿女貞酒製法，釀造吳地女貞酒，供西施享用。

夏天天氣炎熱，西施汗流遍體，終日不乾。夫差十分愛憐，問道：「愛卿為何如此怕熱？」西施答道：「賤妾資質羸弱，不勝酷熱。」夫差深恐西施中暑生病，折損玉體，召集群臣，商議為西施解暑避熱的辦法。

王孫雒獻策道：「西洞庭之南，有長灣十餘里，三面環山，一面臨湖，宛如門闕，是避暑勝地。若在那裡建築宮殿，冬熱夏涼，避暑甚佳。」

夫差大喜，即令王孫雒為總管，督建消夏宮殿。

「西洞庭之南灣固是避暑勝地，但時近盛夏，若要建築宮殿，恐一時難以受用，不如另想他策。」伯嚭奏道。

「太宰多慮了。常言道『重賞之下必有勇夫』。大王如果賜臣全權，不吝資財，臣保證十日之內建成宮殿，使大王能在盛夏到來之時在南灣避暑。大王請放心，臣如不能克期完工，願獻項上之頭，以謝大王。」王孫雒奮然立下軍令狀。

夫差當即賜王孫雒尚方寶劍，全國軍民財物，悉聽王孫雒調度。

王孫雒得了尚方寶劍，即征調沿途十萬民夫往南灣聽用。南灣長十餘里，十萬民夫尚不足用，王孫雒又征調全國青壯男子，齊聚南灣。木材磚石不夠，就拆現成房屋。老百姓的草舍木屋沒有可用的棟樑，就拆除寺院和當地富户房屋，高堂大廈，拆除無數。王孫雒因有尚方寶劍在手，僧侶、富豪敢怒不敢言。民工吃不好，休息不好，整天夜以繼日地苦幹。王孫雒仍嫌工程進展緩慢，吃飽無事，手提馬鞭到處巡視，見民工稍有遲誤，抬手就打，張口就罵。國中百姓怨聲載道，叫苦連天。田地荒廢，機杼無聞，死屍遍野，流民無數。十日之內，王孫雒果然將南灣消夏宮建成。

夫差十分賞識王孫雒的才幹，賞賜千金，至於王孫雒激起的國民的怨恨，他則不聞不問。宮殿落成的當日，夫差就攜西施同乘龍舟來到南灣，但見宮殿巍峨，層樓輝映，畫棟飛雲，珠帘捲雨，富麗堂皇，卓然不凡。夫差十分高興，令人在中殿設置宴席，慶賀宮殿落成，自與西施相對而坐，舉杯而酌，兩邊排列宮女，奏樂助興。只覺涼風習習，暑氣全消，酷暑南灣，竟如秋日。

「愛妃，妳看此地如何？」

西施並不回答，嫣然一笑，百媚橫生。

這一笑，令夫差心神俱醉，魂魄俱失。雖然付出了慘重的代價，畢竟博得美人一笑，夫差心滿意足了。

西施初到吳國，小試身手，即博得夫差專寵。夫差為討其歡心，不惜擲金如土，耗費巨資，以致國力空虛，國民怨憤。夫差充耳不聞，終日與西施飲酒作樂於姑蘇台、館娃宮、消夏灣，奸佞伯嚭、王孫雒小人得志，忠臣伍子胥則遭到排斥，朝政日非，人心思亂。

十、雖顰亦美

西施居於吳宮，享盡人間榮華富貴，但她心念越國之恥，思戀范蠡之愛，終日眉頭緊鎖，難得一笑。為了避免夫差疑心，她常言心痛，每次痛時，必捧心蹙額顰眉而泣，這樣一來，形態更加嬌媚，夫差更加愛憐，覺得帶露蓓蕾，掛水芙蓉，也難比西施艷麗。

在夫差眼裡，西施縱然心痛顰眉，仍是嬌媚動人心弦，致史書上有「東施效顰」的說法。

一天晚上，月光如水，微風拂面，姑蘇台、館娃宮蒙上淡淡的月色，猶如雲中霧中的瑤台仙境，煞是動人。夫差忽然想起西施喜歡月下漫步，令宮女請出西施，飲酒賞月。

月光下，西施身披彩紗，款步而來，宛如嫦娥出宮。夫差極為歡喜，上前拉住西施的手說：「愛妃，如此良辰美景，怎能錯過？我們在館娃宮內，飲酒賞月，共度良宵，豈不是更好！」

說完，忙扶西施入坐，斟上滿滿的一杯女貞酒，雙手遞上。

「愛妃，請滿飲此杯！」

西施既不端杯，也不答謝，只是望著月亮出神。

夫差見西施神情冷若冰霜，以為她又遇到了不順心的事，問道：「良辰美景，花好月圓，愛妃當該高興才是，為何悶悶不樂？」

「大王，你如今威加四海，諸侯臣服，可是大王卻一點也不為臣妾考慮。」

西施說完，裝出生氣的樣子。

西施佯裝生氣，夫差感到更加動人，他一把把西施攬在懷中：

「寶貝兒，妳想要什麼？只要寡人能辦到的，保證開口要，閉口到。」夫差一邊說，一邊和西施戲耍。

「我所要的並不難辦。」

「我要你趴在地上，學狗爬，你生為一國之君，可以做到嗎？」夫差猶豫了一下，為討美人歡心，有何不可，就真的雙手撐地，學起狗爬。怎奈身體胖大，還沒爬一圈，雙手就支撐不起了，肥厚的肚皮觸到了地面，「吭哧吭哧」地喘個不停，那樣子活像一個大狗熊。看著夫差這樣一副醜態，西施忍俊不住，「撲哧」一下笑出聲來，這一笑，有千種風情，萬般嬌媚，比桃花更鮮艷，比芙蓉更動人。

看到西施一笑，夫差立時跳了起來，雙手抱住西施，卻說千金難買一笑。我這一爬，這位冷美人卻開顏一笑。看來，我這一爬抵過千金萬金了。

西施收斂笑容，詐稱心痛病又犯了，捧心蹙眉而泣。西施時笑時哭，弄得夫差無所是從，急擁西施回宮歇息。

夫差雖然沈緬西施的美色，但終日與一個冰美人尋歡作樂，夫差總感到不那麼滿足，千方百計想博得西施一笑。

「今年夏天，湖上蓮花盛開，愛妃與寡人前往湖邊賞花採蓮可好？」一天，夫差滿懷興致地問西施。

「大王有此佳興，賤妾敢不奉陪！只是蓮花乃花中君子，品格高雅，儀態不俗。既然賞花採蓮，就應有君子之風。」

「何謂君子之風？」

「蓮花高潔不俗，採蓮之舟，飾舟之物，駕舟之人，皆應高潔不俗，不義之物和穢行小人若隨舟而往，則會玷辱蓮花的令節清名。」

夫差聽從西施的建議，傳旨選派工匠，用松木為材料，打造大船。姑蘇沒有大的松樹，就動用大批民工從幾百里外的山上運回，一路浪費了無數資財。大船造成之後，又飾以碧玉綠珠，暖色錦繡。動身之日，十數艘大船一起開動，錦旗遮天蔽日，珠玉交相生輝，日光透射之處，斑駁陸離，五彩繽紛。岸上笙簫迭奏，歌聲悠揚。自城南至湖邊，錦帆連成一片，十分熱鬧。姑蘇城的百姓聽說國君和西施乘船採蓮，紛紛出城觀望，一則觀看耗費巨資建造的大船，二則爭相一睹西施的風采。哪知西施坐在龍船之上，眾美女把她團團圍定，人們連西施的影子也看不到。

船到湖心，夫差令人將船泊住，和西施高坐龍舟之上，一邊飲酒，一邊觀看湖光山色。宮女們則各蕩小舟，前往荷花深處採擷蓮實，只見舟如箭發，翠袖飄蕩，畫槳輕搖，雕櫓翻飛。夫差見此情景，不勝歡喜，令人取來大杯，對西施說：「對此佳景，目睹麗姝倩姿，何不舉杯痛飲，一醉方休！」

這時宮女們自外歸來，獻上所採蓮實。西施思戀故國和范蠡，心中悲苦，隨手摘了一枚蓮子，剝去皮，丟到嘴裡嚼起來。夫差看見，勸阻說：「蓮心味苦損胃，愛妃難道不知？」

西施不能說明真情，就順口編了一套謊言詞說：「賤妾心中之憂，大王哪裡知道啊！好花不常開，好景不常在。就說這蓮花吧。雖然嬌艷動人，高潔不俗，可是轉過三秋，百花凋零，誰還記得它的嬌艷，誰還記得它的高潔？」

「愛妃喜歡春天常駐，好花常開，這有何難！寡人可以號令諸侯，難道還滿足不了愛妃這一點小小的心願！」

回到宮中，夫差就令人用七彩絲綢錦緞，趕製各種樹木的枝葉和花朵，又特令刺繡能手，繡製各色各樣的荷花。到了秋冬之際，將各色枝葉花朵綴到樹上，姑蘇城裡，到處皆是春景：繡製的荷花在綠錦製成的荷葉扶持下，飄蕩在護城河中，飄蕩在湖面上。這些絲綢錦繡經不住長期的風吹雨淋日曬浪打，很快褪色，失去了初時的鮮艷。夫差就令人重新換上新的。更換數次，幾乎用盡了吳國的絲綢錦繡。但為了博得西施一笑，荒淫無度的夫差，哪裡還顧得這許多。

西施的計謀一個一個地獲得了成功，心中暗暗高興，高興吳國國力空虛，資財告罄；高興越國復興將成，高興和范蠡相聚有日，但她表面上仍然冷若冰霜。

「愛妃，妳要春天常駐，寡人不惜血本給妳製造出人工春色，妳為何還不能開顏一笑呢？」夫差見西施仍無笑意，十分著急。

「大王，這春色只是在樹上水中，宮中畫舫卻聞不到春天的氣息。」西施想進一步耗費吳國國力。

「這有何難？」

夫差立刻命令趕製各種花卉，放置宮中，又令工匠趕造一百艘精巧絕倫的畫舫，把絲綢錦繡織成的花卉掛到畫舫，用作帆蓬，他和西施乘坐的那一艘，擺滿了金碧輝煌的牡丹，嬌艷動人的荷花。夫差請西施泛舟行樂。畫舫緩緩啓動，兩岸鼓樂連天，宮女翩翩起舞，彩綢上下翻飛。看到這種情景，想到此行的計畫就要完成，西施舒心地笑了。

西施這一笑，恰恰被夫差看到。他費盡心機，耗盡資財，不就是為了博得西施一笑嗎？整天想著西施那迷人的一笑，足足三個月不理朝政。朝野鼎沸，怨聲載道，夫差充耳不聞，只是貪婪地享受著溫柔夢。

十一、計殺子胥

西施在吳國，一晃就是十年。十年之內，她利用吳王的寵愛，一步一步地實現了惑其心志，罄其國財的計劃。然而，忠心耿耿、足智多謀的伍子胥仍掌握著吳國兵權，不除掉伍子胥，越王就不能順利地實行興越滅吳的計劃。怎樣除掉伍子胥呢？

這時夫差靜極思動，意欲興兵伐齊，繼而稱霸中原。他先遣使者在句曲建築行宮，種植楸樹、梧桐，號行宮為「梧宮」，移西施到梧宮居住。接著發兵十萬，征伐齊國，準備得勝歸來，與西施在梧宮避暑消夏。

相國伍子胥聞吳王欲興師伐齊，急上殿進諫：「吳國的大敵是越國，齊國不過是癬疥之疾，大王今與十萬之師，征千里之糧，為了平息癬疥之患，得不償失。不除心腹之患，而急癬疥之疾，是去重就輕，捨大就小。臣以為大王伐齊未必能勝，而越兵已乘隙而至，請大王三思。」

夫差不聽伍子胥的勸諫，興兵伐齊，結果在艾陵大獲全勝。齊簡公遣使賚金銀珠寶謝罪請和。夫差凱旋而歸；至句曲梧宮，西施出宮相迎，恭賀夫差旗開得勝。

西施抓住時機，實施除掉伍子胥的計劃。她說：「當初伐齊，伍相國強行阻諫，以為齊不可伐，如今大王馬到成功，看伍相國，還有何面目見大王。」

伯嚭適時也對吳王說：「大王出兵，伐齊之前，子胥百般阻撓，他自恃破楚敗越，威加諸侯，外表忠誠，實則暗中與齊國君臣有親密關係，將自己兒子送到齊國，託好友鮑氏養育，而不留在吳國，充分說明了他對齊國比吳國更好，他能對吳王效忠嗎？」

夫差聽了，點頭稱是，深覺伍子胥留在吳國是累贅。殺意陡起，加上西施從旁煽火，便派人送屬鏤寶劍到相國府，要伍子胥自盡，理由是他私通齊國。

伍子胥仰首悲憤地說：

「在我的墳墓邊種上梓樹，等梓樹長大可做棺材時，吳國就會滅亡了！」又告訴來使：「把我的眼珠子挖下來，懸掛在姑蘇城的葑門上，我要親眼看見越王句踐率軍來滅吳。」

說完就拔劍自刎而死。這是西元前四八五年，吳王在位第十一年間的事。

使者把伍相國臨終遺言稟告夫差，夫差大為憤怒，派人將子胥屍體用馬革裹捆，丟入錢塘江中。

夫差殺了伍子胥，又出兵伐齊，齊國大亂，齊悼公被權臣鮑氏所弒，鮑氏立陽生為新主。

過了三年，夫差北上中原，大會諸侯於黃池（今河南封丘縣），句踐見時機成熟，乘機出兵伐吳，攻入守備空虛的姑蘇城，殺了吳國太子，夫差聞訊匆匆趕回國，以重金與越國談和。

又過了九年（西元前四七三年），句踐再度攻打吳國，吳國因奸佞執政，忠臣盡逐，元氣大傷，被越國大軍所敗；夫差被困在姑蘇山上，三年之久，派大臣王孫雒向越王求和。

句踐鑒於當年夫差釋放自己，養虎遺患的教訓，不同意講和，只答應把夫差放逐到甬東（今浙江定海縣），作百户長。夫差後悔不聽伍子胥的忠言，羞愧難當，便自殺而死。

伍子胥死後，夫差用伯嚭為相國，留太子守國，自率國中勁旅，再度興師北上，與晉國爭奪盟主之位。西施藉口身體不適，沒有隨行。夫差走後，西施即日派人把情報送回越國。范蠡接到情報，知吳國力空虛，遂與句踐商議，起大兵五萬，輕裝借道襲吳。

一路之上，每遇戰事，句踐必親自督軍，擂鼓助陣。越軍所向披靡，長驅直入。吳軍不曾防備，措手不及，太子出兵迎敵，沒於軍陣。越兵直抵姑蘇城下。

守將王子地堅守城池，使人飛報吳王，言越兵反叛，已圍定都城姑蘇。夫差接報大驚，欲即回師救援。伯嚭諫道：「大王若急急回師，齊晉隨後掩殺，後果不堪設想。依臣之見，不如先定盟主之位，然後回師救國。」夫差採用伯嚭之議，次日，大排軍兵，親督三軍，陣中萬鼓齊鳴，聲震天地。晉王大驚，讓盟主位於吳王。既定盟主之位，夫差急忙班師，揮戈救援姑蘇。途中又得無數告急奏章。遠征軍士知家國被襲，心膽俱裂，又遠行疲勞，皆無戰意。事到如今，夫差後悔不已，可惜悔之已晚，要想吳國再興，已是根本不可能的了。

夫差率疲備之師與越軍交戰，連遭大敗，只好棄師逃入都城，堅守不出，使伯嚭赴越軍營求降，表示投降之後，仿照越國當時降吳之事，加倍償還宿債。

句踐念夫差當日不殺之恩，想接受其投降。范蠡急忙勸阻。吳使往返七次請降，范蠡、文種堅持不允，下令攻城。伯嚭見已山窮水盡，開城投降。夫差聞訊，欲攜西施遠遁，遍尋宮中，不見西施的蹤影，無奈率幾個親信隨從，連夜逃至陽山。越兵循跡追至。夫差見難逃厄運，遂拔劍自刎。

十二、句踐心事

吳國既滅，句踐使人去館娃宮迎接西施，館娃宮內那有西施的蹤影。句踐找不到西施，大為懊喪，終日悶悶不樂。句踐滅吳，半是為了復仇，半是為了奪回西施。大仇已報，西施未得，句踐怎麼高興起來？他想起了范蠡，范蠡神通廣大，足智多謀，定能尋到西施。於是，他派人請來范蠡。

「大王，吳國已滅，大仇已報，可喜可賀。」范蠡進來，先向句踐賀喜。

「范大夫，吳國雖滅，寡人還有一件心事未了。」

范蠡已知句踐所想，但卻裝聾作啞，問：「大王大仇已報，還有什麼心事？」

「你從苧蘿村選來的那個西施，寡人一見就十分喜歡，為了興越大計，寡人不得不忍痛割愛，獻給夫差老賊。吳國現已滅亡，西施功推第一，寡人想把她找來，重重賞賜，留在宮中陪伴寡人。」

聽到此言，范蠡心中暗道：句踐啊句踐，吳國覆車之鑑，你怎不記取啊！句踐新滅吳國，志得意滿，心高氣傲，哪裡還會聽得進逆耳之言。范蠡十分明白，但又不敢直諫，只好順著句踐的話說。

「大王，這事容易，派人把她請來，當面封賞就是。」

「寡人已派人去找，但不知她到哪裡去了。范大夫神通廣大，消息靈通，請不辭勞苦，代為寡人找來。」

句踐剛居人上，立刻變得狂傲起來，說話盛氣凌人，一副不容人抗拒的樣子。范蠡早已看透句踐其人，意欲離之而去，但感念句踐知遇之恩，又有助其復國之諾，不便即刻離去。如今功成名就，助句踐報了大仇，范蠡已無牽掛，決定激流勇退。句踐請他尋找西施，正是可利用的好機會。

「大王，常言道『覆巢之下，豈有完卵』。西施至聰至慧，豈不知這個道理。她料定吳國必滅，必定事先找好了退身之所。望大王寬限幾日，容范蠡慢慢尋訪。」

「范大夫盡力尋訪，越快越好。尋到之後，寡人將有重賞。」

范蠡辭別句踐，急急回到自己住所，剛剛推開內門，西施已先迎了出來。

「相國，越王喚你何事？」

「越王早已對妳垂涎三尺，今吳國已滅，無所顧忌，便欲召妳進宮。」

「賤妾藏身相府之事，相國對越王說了？」

「范蠡還沒糊塗到這個地步。虧得妳有先見之明，易裝潛到我這裡。若是被越王尋到，范蠡我有天大的本事，也無法使我們重溫舊夢了。」

原來，越兵攻越甚緊的時候，西施害怕城破人亡，宮庭被擄，遭受不測，就乘混戰之機，改換男裝，神不知鬼不覺地逃到范蠡這裡。范蠡見了西施，忍不住心中悲痛，抱住西施痛哭不止，傾訴離別之苦。之後，范蠡把西施藏在內房，空暇時，才來一敘，訴說思念之情。范蠡被越王召去後，西施忐忑不安，擔心露了行藏。

「西施姑娘」，雖然西施已在吳宮十年，范蠡仍稱她西施姑娘，足見范蠡對西施深情的思戀，「越王已知妳不在館娃宮，召我進宮，令我察訪妳的行蹤。越王淫心已露，這裡不是我們久留之地。明日，妳扮成書僮模樣，隨我出行假做尋訪西施，乘便泛舟五湖，遠遁天涯。我已吩咐漁船在湖口等候。只是我與大夫文種，同期奉君多年，恩若兄弟。越王可與共患難，不可與共安樂。我走之後，文種早晚必遭不測。不知何計，可以救他？」

「相國何不修書一封，曉以利害？文大夫若得相國書信，一定會認真考慮，早作準備。」

「姑娘說得也是。」范蠡遂備紙硯，提筆寫道：「文大夫，范蠡與大夫同期奉君歷廿餘載，不忍無言離去。不日即別，特以數言相贈：狡兔死，走狗烹；敵國破，謀臣亡。越王長頸鳥啄，忍辱妒功，可與共患難，不可與共安樂。大夫見書亦當速去，不然，禍不遠矣。」密封好後，交給侍役，吩咐說：「明日待我走後，交給文大夫。」

次日天亮，范蠡與扮成書僮的西施攜帶一些金銀細軟，來到湖口，乘船而去。

太陽從湖面躍出的時候，輕舟已駛出幾里之遙。

「賤妾受辱吳宮十載，相國還以姑娘相稱，豈非取笑？」

「姑娘雖曾受辱吳宮，但玉潔冰清，出污泥而不染，凡夫俗子自嘆弗如。范蠡仰慕姑娘深情高義，常思溪邊相見之情，攜手相約之事。只恨才疏學淺，不能力挽狂瀾，救姑娘出火海。如今天遂人願，范蠡得與姑娘重聚。今卿備花燭，與姑娘結湖上姻盟，願姑娘不棄鄙賤！」

范蠡一席話，勾起了西施甜蜜的、痛苦的、幸福的、悲酸的回憶。聽到范蠡「與姑娘結湖上姻盟」的話語，西施感雙頰發熱，一陣心跳。與范蠡結百年之好，是她朝思暮想的。但范蠡是人中之傑，西施不想讓受辱之軀玷辱范蠡的潔身，只想與范蠡遠遁天涯，彼此相助度過餘下的人生。

「妾身是荊門寒娥，茅舍賤妾。不意奉國徵用，苟合吳王，摧殘風雨破荳蔻之梢，斷送韶華折芙蓉之蒂，不可再奉貴體。賤妾只望相從先生，度此殘生。」

「范蠡一介寒儒，兩袖清風，能得姑娘陪伴殘生，喜不自禁。望姑娘再勿推卻。」

說罷，范蠡攜西施來到船頭，雙雙朝越國方向並膝跪下，對湖盟誓，成百年之好。

叩拜已畢，二人相偎船頭，眼望藍天，久久不語。

一對大雁掠過船頭，相互呼喚著，比翼向東南方向飛去。

大雁的叫聲喚醒了沈浸在幸福之中的這對情侶。

望著南飛的大雁，西施潸然淚下。荳蔻年華，毅然為國赴難，而今已越十載，越國再興，可是她這個為國家復興出了大力的女子，卻有家難歸。她默默祈禱，讓大雁捎回她對年高父母和兒時相識姐妹的良好祝願。

「娘子，妳在想什麼？」范蠡明知故問。

「你看，」西施手指遠去的大雁，憂傷地說：「牠們在藍天，自由自在地飛翔，我們卻在碧水，漫無目的地泛舟。」

「娘子想去什麼地方？」

「我想去的地方，也許永遠去不了，我不想去的地方，不定還會出現。」

「想去的地方，也許永遠去不了，不想去的地方，說不定還會出現。」范蠡重複著西施的話，似乎在重複一個永遠不可解開的人生怪題，破譯人生難以理喻的密碼。

十三、千古之謎

越國滅吳之後，西施究竟怎麼樣了？這是每一個關心西施命運的讀者都想得出一個可靠結論的問題，也是一個難解的謎。

西施的下落，據《吳越春秋》記載，越王使人遍訪國中美女，得到苧蘿山賣柴施氏之女西施，「飾以羅縠，教以容步，習於土城，臨於都巷，」三年學成，使范蠡獻西施於吳王夫差，夫差歡喜接受，納於後宮。這之後的事情，史書語焉不詳，西施的下落，無從考證，成為一個難解的謎。

後世文人墨客嘉許西施捨身為義之舉，為西施設想了許多美妙的結局。當然，眾多結局中流傳最廣、影響最大的，是范蠡偕西施泛舟五湖。比如明著名戲曲家梁辰魚的《浣紗記》，寫范蠡助越王復興越國之後，知越王不可久事，遂攜西施泛舟五湖。這樣一種結局儘管帶有很大的理想色彩，但畢竟殘留有一定的歷史影子。范蠡奉命獻西施於吳王，之後，為越王出謀策畫，終於滅吳。吳國既滅，范蠡「乘扁舟出三江入五湖」，人莫知其所終。這是見諸史書的記載。根據這種記載，梁氏演繹出范蠡攜西施泛舟五湖，不能說毫無根據。儘管這種結局有一定的歷史基礎，但畢竟查無實據，因此只能算作一種理想的結局。

按「吳地記」一書之記載：「西施入吳，三年始達，在途與范蠡通，生一子。」至於生下一子，下文如何？找不到更清楚之記載；此子中途夭折，或失去連絡，沒有了下文，在考證上來說，這只是一個「孤證」，難以成立。唯西施與范蠡，確有相當深的感情存在，是可以斷言的。

但另有一種說法，西施未有隨范蠡去泛遊五湖。而是被人用巨石裝在麻袋裡，屈死沈沒於蘇州的「袋沈橋」下。

據一位蘇州鄉紳汪玉翰老先生述說，真正事情的經過是這樣的：

自公元前四七五年十一月，越王句踐的軍隊，就開始圍困吳都（即蘇州），到公元前四七三年十月，前經後經過了三年的時間。

蘇州的城牆，是吳王闔閭稱霸、國勢強盛時，由伍子胥建議修築起來的，外有大城、內有小城。大城周長四十七華里二百一十步二尺（古代以六尺為一步，三百步為一里），全城共設有陸門八個，其中二個城門有樓，可以登高瞭望；水門（初稱水關）我過去在蘇州，住盤門水關附近，也有八個水道，可以由水上進入城內。相傳當年吳國水軍，經常出水門襲擊越國，水門上懸掛一條木刻九曲蟠龍，吳國素以龍自諭，越國以蛇比己，龍能克蛇，故置蟠龍鎮住越國，城門因此稱「蟠門」，日久天長，蟠、盤音同，就變成「盤門」了。吳小城周長十二里，越牆底、寬二丈七尺、高四丈七尺，設有城門三個，都有樓，其中兩個又增設水門。

吳大城外面還有城郭，周長六十八里六十步。吳都城的城牆，如此嚴密而牢固，又有重兵把守，除非有大砲，否則是很難攻破的。吳城中，還有不少叫做「百尺瀆」的小河，從四面八方通向大江，是吳國各地向都城運送糧食進城的通道。蘇州又名「東方威尼斯」。句踐圍城後，就把這些水上通道先堵塞占住，以截斷城中的補給，把吳兵困死在都城中。

經過了三年的圍城，城中可吃的東西都吃光了，士卒已無鬥志，城門也無人看守。夫差知己無法再守，就帶領一些親近之士，星夜狼狽出逃，竄至西南的姑蘇山，也就是靈岩山的行宮。

當句踐帶領越兵，從太湖里抄小路，伏兵在七子山南邊的山坳里，準備子夜月亮升上山時，發動攻擊，打入吳王行宮；同一時間，范蠡與文種則率領一批軍士，預備從靈岩山前面的「采音涇」撲山頭，救出西施。

那一天，是陰曆八月十八日，月亮一出，仍很圓亮，彼此約定月出為號，發動襲擊，誰知是日，太陽甫落山，木瀆鄉前的姑蘇台，突然火光沖天，接著上千的越國老百姓，像潮水一樣，直向靈岩山方向衝去，大家邊走邊叫，殺聲震天，句踐眼看這光景，不能再等天黑，就提前下令開始衝鋒進軍，這一批老百姓提前採取行動，是有原因的。

因為有一天，句踐的夫人問句踐：「大王，若是有朝一日，越國滅了吳國，西施該封她一個什麼位子呢？」句踐順口回答說：「西施復國有功，要封她做越國最大的夫人。」句踐言者無心，夫人聽了卻心中有意，她乃想：「西施若做了越國最大的夫人，我算什麼？」從此，就一心想要除掉這一心腹大患。

這一年夏天，姑蘇台已被摧毀了一部份，亟須修復，句踐夫人就把她的姪子古賁，透過文種的關係，送至吳國去參加修城的工程，暗地裡等於在吳宮，先埋下了一顆棋子，隨時準備向西施下毒手。八月十七日，句踐夫人得知句踐即將採取行動，就派出心腹，暗中把這一「情報」告知古賁，叮囑他務必在亂軍中要活捉西施，將之綑送來交在她手中，所以那一批提前採取行動的越國老百姓，完全是古賁在事先聯絡好的。

當他們領先衝進吳王行宮的時候，夫差在宮中一無準備，衛隊倉惶應戰，當然七零八亂潰不成軍，接著句踐率領的大隊兵馬開到，夫差帶著寶劍向後山逃去，逃到山頂，眼看大勢已去，就只好拔劍自刎了。

西施見越兵上山，興奮萬分，大開內宮門，迎接古賁，並捧出吳宮內最好的美酒，供官兵飲用，古賁不動聲色，一邊喝著美酒，一邊吩咐手下，暗地裡用繩子將西施綑綁起來，為恐西施叫喊求救，還用一塊麻布，塞在西施嘴裡，禁其出聲，然後將之蒙入一個麻袋，袋口紮緊，令人立即送到句踐夫人那裡去，以免句踐發覺，又節外生枝。

這時，蘇州城已全部被越軍佔領，句踐夫人在城門裡的烏雀橋附近，她還隔著麻袋問西施：「要不要看看天？」西施表示，希望放她出來，她要見句踐！

句踐夫人當然不會放她出來，狠下心來就連人帶麻袋綑上巨石將之一起沈到河裡去了！這事以後，沒有多久，還是傳到句踐耳朵讓他知道了，他親率領人去沉袋處打撈，可能水流甚急，已沖至江裡，後來一連打撈了三天三夜，也未見蹤影，只能悵然若失的回到宮裡，先殺了古賁，還將句踐夫人罰到會稽的深山去，永遠不許她出山一步，以消心頭之火。

據說句踐夫人，沒多久就疚慚死去，死後發出一種毒液，沾在一種名叫五頂峰的植物上，這種草，人若碰上，皮膚會爛掉，牛吃了這種草，也會中毒死去。

蘇州的老百姓，一直未忘記西施，在她死的地方，造了一項橋，取名「袋沈橋」，這座橋現還在，只是以訛相傳，變成「帶城橋」了。

此外，我為了考證西施，究竟是怎麼死的？曾在大陸出版的一本「姑蘇外史」書上，說當時的情形，是這樣的：

句踐打了勝仗，凱旋乘船返越，與西施同坐在一條船上，兩人有說有笑，形影不離，句踐夫人則被冷落一旁，妒火中燒，亦無法可想。

船抵越國境內，民眾夾道在兩岸歡迎，句踐應群眾要求，單獨去船頭，接受群眾歡呼，西施單獨留在船艙內，句踐夫人，見機不可失，就令手下，先用手帕塞住西施嘴巴，噤其出聲，接著將其手足綑綁，裝入痲袋，加上巨石，沉入江中。

等句踐接受群眾歡呼後，自船頭返回船艙，已不見西施踪影，追問眾人，皆推說她去船尾解手，不小心落水，句踐立即命人下水打撈，已因江水湍急，不見蹤跡。

後來，又有另一種說法，說是范蠡恐其迷惑句踐，步上夫差後塵，誤國誤民，將西施裝入皮囊，投置江中淹死，元朝劇作家有「范蠡沉西施記」一則，現已佚失，然對照范蠡愛西施之情形來說，有些難以令人信服。

不過，西施被裝在痲袋中沈入江中，隨水漂去淹死的這件事，楊慎撰《丹鉛總錄》中引《修文殿御覽》，有此記述。但，我曾去中央圖書館尋找，沒有找到這本書。

離越王滅吳國時期最近的墨子，在「親士篇」中，他曾說：「比干之殪，其抗也；孟賁之殺，其勇也；**西施之沈，其美也**；吳起之裂，其爭也。」上述這幾個人，都是「死其所表」。墨翟生在戰國初年，當時西施的事情，所聞當較他人為真切，而且說得振振有詞，應該是可信的。

西施因其過分的美，而遭此殺身之禍，真是令人惋惜。

「歷史」眞相難明，如霧如謎。

吳越春秋的故事，距今已二千五百多年。吳王闔閭接王位，是在公元前五一四年，迄公元前四九五年，他去世後才由其子夫差接王位，這以後，才有越王勾踐雪恥復國的故事。迄復國成功，西施之去向，因一般戲劇均未有交代，致產生數種不同之說法。羅貫中撰寫之《三國演義》，雖使人對三國時知名人物，印象深刻，但其間也有不少不正確的認定。

而吳越間之爭霸，大部分人因有美女西施之參予，對吳王闔閭這一人物之瞭解，遠不如對越王句踐來得多。而當時大夫干將、莫邪夫婦之鑄劍絕技，及莫邪因劍而死之事蹟，也知之不詳。

至於西施之下落，更是眾說紛紜。

過去，民國六十四年春，我因製作「香妃」國語連續劇，為香妃考證迷了十餘年，並為之去新疆喀什噶爾香妃故鄉實地查證「香妃」墓的存在。

民國九十一年，我又迷上了考證「楊貴妃」，她是否真的死在日本，特專程去到日本本州山口縣大津郡油谷町久津看到楊貴妃的墓。日本有兩個楊貴妃墓，另一位是楊夫人之墓，也就是楊國忠長媳之墓，她與楊貴妃同船去日本的，大船觸礁沉沒，二人分乘兩艘「空艫船」（救生小艇），一在油谷町上岸，一在荻町上岸，因同名「楊夫人」，日人才有此錯誤。

如今，我三度返蘇州掃墓，因而考證西施之事跡，因西施沉入江水之中，無墳墓可供證實其真偽，只能靠讀者自己去判斷了。

有云：治史者，往往迷惑於「歷史之霧」，蓋數千年前之往事，究竟如何，多半是靠口傳，然後再以筆記，很少有記者作文字報導。此其間，再加上有諸種主客觀因素、社會環境之影響與變化，往往產生多種不同之記載，使後世學者難以瞭解真相，茲就個人所知，在此向大家作一番細說，旨在供人參考，疏漏之處，尚方家教正。

（本文初稿發表於八十三年六月出版：「輔仁學誌」上，九十年十月重加修正，出版「掀開歷史之謎」專集，九十四年元月，再加充實，查證修正）

本書寫作參考書目及資料

史記（司馬遷）
戰國策「越王句踐世家」
吳越春秋（後漢・趙曄）
吳越備史（宋・殘儼）
吳都文粹（宋・鄭虎臣）
吳中舊事（元・陸友仁）
孫子兵法
吳地記
千字文
穀梁傳
尚書大傳

越絕書
呂氏春秋
周禮·考工記
楚辭（屈原）
搜神記
列暴傳
莊子·刻意篇
韓非子·內儲說下
墨子·親士篇
中國四大美女（陳德來）
中國五大美女（夏煒）
千古名女人（殷登國）
蘇州歷代園林錄（魏嘉瓚）
蘇州民俗（蔡利民）
蘇州旅遊叢書（顧鑒明）
闔閭·干將·西施探李吳越部份史實真相

掀開歷史之謎

西施（電影劇本：唐紹華編劇、李翰祥導演）

大陸出版：姑蘇外史

梅蘭芳唱「西施」平劇錄影帶

郭小莊雅音小集「歸越情」平劇錄影帶

附錄一

姜龍昭著作出版書目

作品名稱	類別	出版處所	字數	出版年月日
(1)烽火戀歌	獨幕劇	總政治部	約二萬	四十一年十二月
(2)奔向自由	獨幕劇	總政治部	約二萬	四十一年十二月
(3)自由中國進步實況	報導文學	中央文物供應社	約廿萬	四十九年十二月
(4)六六五四號啞吧	電視劇選集	平原出版社	約三萬	五十二年二月
(5)電視綺夢	電視劇選集	正中書局	約五萬	五十五年九月
(6)金玉滿堂	電視劇選集	菲律賓劇藝社	約十二萬	五十六年九月
(7)父與子	獨幕劇	僑聯出版社	約二萬	五十六年十二月
(8)碧海青天夜夜心	電視劇選集	商務印書館	約十二萬	五十七年一月
(9)一顆紅寶石	電視劇選集	菲律賓劇藝社	約十萬	五十八年二月

(10)金色陷阱　電視劇選集　東方出版社　約十二萬　五十八年六月

(11)故都風雲　廣播劇　軍中播音總隊　約二萬　五十九年四月

(12)孤星淚　多幕劇　僑聯出版社　約四萬　五十九年四月

(13)情旅　小說　新亞出版社　約六萬　五十九年五月

(14)春雷　小說　新亞出版社　約六萬　五十九年十月

(15)長白山上　圖書故事　新亞出版社　約六萬　六十年三月

(16)紅寶石　獨幕劇　中國戲劇藝中心　約二萬　六十年十二月

(17)長白山上（與人合編）　電視連續劇　正中書局　約五十萬　六十一年十月

(18)海戰英雄　廣播劇　總政治作戰部　約二萬　六十三年十月

(19)吐魯番風雲　多幕劇　商務印書館　約四萬　六十五年六月

(20)眼　多幕劇　商務印書館　約四萬　六十五年十二月

(21)海與貝殼　小說　正中書局　約十八萬　六十五年七月

(22)電視劇編寫與製作　論著　黎明文化事業公司　約十二萬　六十五年七月

(23)金蘋果　兒童歌舞劇　中國戲劇藝中心　約四萬　六十七年三月

(24)電視縱橫談　論著　聯經出版社　約十四萬　六十八年三月

(25)一個女工的故事　電影劇本　遠大出版公司　約八萬　六十八年六月

(26) 姜龍昭選集　綜合　黎明文化事業公司　約十八萬　六十八年六月

(27) 電視戲劇論集　論著　文豪出版社　約廿萬　六十八年十二月

(28) 電視編劇理論與實務（與人合著）　論著　中視週刊社　約廿萬　七十年三月

(29) 中華民國電視事業的回顧與前瞻　論著　中國電視公司　約廿二萬　七十年十月

(30) 姜龍昭劇選（第一集）　劇本　遠大出版公司　約十八萬　七十一年四月

(31) 姜龍昭劇選（第二集）　劇本　文史哲出版社　約廿萬　七十七年十月

(32) 姜龍昭劇選（第三集）　廣播劇　文史哲出版社　約十六萬　八十七年三月

(33) 姜龍昭劇選（第四集）　廣播劇　文史哲出版社　約八萬　八十八年三月

(34) 戲劇編寫概要　論著　五南圖書出版公司　約卅萬　七十二年三月

(35) 一隻古瓶　多幕劇　漢欣文化公司　約三萬　七十三年三月

(36) 金色的陽光　多幕劇　文化建設委員會　約三萬　七十三年三月

(37) 幾番漣漪幾番情（與人合編）　多幕劇　文化建設委員會　約四萬　七十三年三月

(38) 英風遺烈　傳記文學　近代中國社　約十二萬　七十三年三月

(39) 武昌首義一少年　傳記文學　黎明文化事業公司　約十二萬　七十三年三月

(40) 母親的淚　多幕劇　教育部　約四萬　七十四年二月

(41) 最後的一面　小說　晨星出版社　約十二萬　七十五年三月

⑷2戲劇評劇集	論著	采風出版社	約十二萬	七十五年五月
⑷3淚水的沉思	多幕劇	教育部	約四萬	七十七年八月
⑷4香妃考證研究（正集）	考證	文史哲出版社	約十四萬	七十七年十月
⑷5香妃考證研究（續集）	考證	文史哲出版社	約十八萬	八十一年三月
⑷6血洗天安門	廣播劇	中興出版	約二萬	七十九年三月
⑷7淚水的沉思（中英文對照）	多幕劇	文史哲出版社	約四萬	八十年十一月
⑷8飛機失事以後（中英文對照）	多幕劇	文史哲出版社	約四萬	八十一年七月
⑷9泣血煙花（中英文對照）	多幕劇	文史哲出版社	約四萬	八十一年十二月
⑸0李商隱之戀（中英文對照）	多幕劇	文史哲出版社	約四萬	八十四年十二月
⑸1李商隱	多幕劇	教育部	約四萬	八十二年四月
⑸2如何編劇本	論著	新中國出版社	約十二萬	八十三年四月
⑸3細說流行語（第一集）	考證	號角出版社	約十萬	八十二年八月
⑸4細說流行語（第二集）	考證	號角出版社	約五萬	八十三年五月
⑸5細說流行語（第三集）	考證	健行出版社	約十二萬	八十五年一月
⑸6細說流行語（第四集）	考證	健行出版社	約十二萬	八十七年一月
⑸7細說流行語（第五集）	考證	健行出版社	約十二萬	八十八年十二月

(58)細說流行語（第六集） 考證 健行出版社 約十二萬 八十九年十二月

(59)戲劇評論探討 論著 文史哲出版社 約十四萬 八十七年五月

(60)掀開歷史之謎 考證 文史哲出版社 約十二萬 九十年十二月

(61)楊貴妃考證研究 考證 文史哲出版社 約十五萬 九十一年七月

(62)楊貴妃之謎 多幕劇 文史哲出版社 約九萬 九十二年五月

(63)回祿殘存 綜合 文史哲出版社 約十五萬 九十二年九月

(64)錢能通神（有聲書） 綜合 文史哲出版社 約十萬字 九十四年二月

(65)西施考證研究 考證 文史哲出版社 約八萬字 九十四年二月

附錄二

姜龍昭歷年得獎記錄

(1)四十一年編寫兒童劇「榕樹下的黃昏」獲臺灣省教育廳徵兒童劇首獎。

(2)四十二年編寫獨幕劇「奔向自由」獲總政治部軍中文藝獎徵獨幕劇第三名。

(3)四十三年編寫多幕劇「國軍進行曲」獲總政治部軍中文藝獎徵多幕劇佳作獎。

(4)四十七年編寫廣播劇「葛籐之戀」獲教育部徵廣播劇佳作獎。

(5)五十一年編寫廣播劇「六六五四號」獲新文藝月刊祝壽徵文獎首獎。

(6)五十三年編寫電視劇「青年魂」獲青年反共救國團徵電視劇佳作獎。

(7)五十四年編寫廣播劇「寒澗圖」獲教育部廣播劇佳作獎。

(8)五十六年編寫「碧海青天夜夜心」電視劇獲中國文藝協會頒發「最佳電視編劇文藝獎章」。

(9)五十六年編寫獨幕劇「父與子」獲伯康戲劇獎徵獨幕劇第四名。

(10)五十七年編寫多幕劇「孤星淚」獲伯康戲劇獎徵多幕劇首獎。
(11)五十九年四出版劇本多種，人物刻劃細膩，獲教育部頒發戲劇類「文藝獎章及獎狀」。
(12)六十年製作「春雷」電視連續劇，獲教育部文化局頒巨型「金鐘獎」乙座。
(13)六十年編寫連續劇「迷夢初醒」使「萬福臨門」節目獲教育部文化局頒「金鐘獎」乙座。
(14)六十一製作「長白山上」電視連續劇，獲教育部文他局頒巨型「金鐘獎」乙座。
(15)六十一年與人合作編寫電視連續劇「長白山上」，獲中山文化基金會頒「中山文藝獎」。
(16)六十三年製作電視連續劇「青天白日」獲中國電視公司頒發獎狀。
(17)六十四年編寫宗教話劇「眼」獲「李聖質戲劇獎」首獎。
(18)六十四年編寫電影劇本「勇者的路」獲國軍新文藝金像獎電影劇本徵文佳作獎。
(19)六十五年製作電視節目「法律知識」獲司法行政部頒獎狀。
(20)六十五年編寫多幕劇「吐魯番風雲」獲臺北市話劇學會頒第三屆最佳編劇藝光獎」。
(21)六十五年編寫電影劇本「一襲輕妙萬縷情獲電影事業發展基金會徵電影劇本佳作獎。
(22)六十五年編寫電影劇本「大海戰」獲國軍新文藝金像獎電影劇本徵文「銅像獎」。
(23)六十六年製作電視節目「法律知識」獲行政院新聞局頒巨型「金鐘獎」乙座。
(24)六十七年編寫兒童歌舞劇「金蘋果」獲教育部徵求兒童劇本首獎。
(25)六十八年編寫電影劇本「鐵甲雄獅」獲電影事業發展基金會徵求電影劇本優等獎。

(26)六十九年獲臺灣省文藝作家學會頒發第三屆「中興文藝獎章」電視編劇獎。
(27)七十年編寫舞臺劇「國魂」獲教育部徵求舞臺劇第二名，頒發獎狀及獎牌。
(28)七十年編寫電影故事「鳥棚中的奮鬥」及「吾愛吾師」雙獲電影業發展基金會入選獎。
(29)七十一年製作電視節目「大時代的故事」獲中央黨部頒發「華夏」二等獎章及獎狀。
(30)七十一年獲國軍新文藝輔導委員會頒發「光華獎」獎狀。
(31)七十二年編寫舞臺劇「金色的陽光」獲文建會委員會徵求舞臺劇本第二名及獎牌。
(32)七十二年參加教育部委託中華日報庭休閒活動徵文獲第三名。
(33)七十二年編寫電影故事「老陳與小柱子」獲電影事業發展基金會徵求電影故事入選獎。
(34)七十三年編寫舞臺劇「母親的淚」獲教育部徵舞臺劇第三名，頒發獎狀及獎金。
(35)七十四年編寫廣播劇「江爺爺」獲中華民國編劇學會頒發「魁星獎」。
(36)七十六年因實踐績效評定特優獲革命實踐研究院兼主任蔣經國頒發獎狀。
(37)七十七年編寫舞臺劇「淚水的沈思」獲教育部徵舞臺劇佳作獎，頒發獎牌及獎金。
(38)七十八年編寫廣播劇「地下英雄」獲新聞局舉辦國家建設徵文獎，頒發獎金。
(39)七十八年編寫廣播劇「血洗天安門」獲青溪新文藝學會頒「金環獎」獎座及獎金。
(40)七十八年編寫電影劇本「死囚的新生」獲法務部徵電影劇本獎，頒發獎金。
(41)七十九年編寫電影劇本「綠島小夜曲」再獲法務部徵電影劇本獎，頒發獎金。

(42)八十年製作電視教材「大地有愛」獲中國國民黨考核紀委會頒發獎狀。

(43)八十二年服務廣播、電視界屆滿卅年，獲新聞局頒發獎牌。

(44)八十二年編寫舞臺劇「李商隱」獲教育部徵舞臺劇本獎，頒發狀及獎金。

(45)八十二年編寫廣播劇「李商隱之戀」獲中華民國編劇學會，頒發「魁星獎」。

(46)八十五年配合推行拒菸運動，獲行政院衛生署頒發獎牌。

(47)八十六年推行軍中新文藝，獲國軍新文藝輔委會頒發「特別貢獻」獎座及獎金。

(48)八十六年編寫廣播劇「異鄉」，獲中國廣播公司「日新獎」。

(49)八十八年編寫舞臺劇「打開心門」獲行政院新聞局頒「劇本優勝獎」獎牌及獎金。

(50)八十八年編寫「眞情城市」電視劇大綱，獲超級電視台徵文「優勝獎」頒發獎金。